Schriftenreihe

Insolvenzrecht in Forschung und Praxis

Herausgegeben von
Professor Dr. Christian Heinrich

Band 1

ISSN 1613-6748

Verlag Dr. Kovač

Das Insolvenzarbeitsrecht – ein Weg aus der Krise?

von

Dr. iur. Christian Heinrich

Professor an der Ruprecht-Karls-Universität Heidelberg

Verlag Dr. Kovač

VERLAG DR. KOVAČ

Arnoldstraße 49 · 22763 Hamburg · Tel. 040 - 39 88 80-0 · Fax 040 - 39 88 80-55

E-Mail info@verlagdrkovac.de · Internet www.verlagdrkovac.de

Bibliografische Information Der Deutschen Bibliothek
Die Deutsche Bibliothek verzeichnet diese Publikation
in der Deutschen Nationalbibliographie;
detaillierte bibliografische Daten sind im Internet
über http://dnb.ddb.de abrufbar.

ISSN 1613-6748
ISBN 3-8300-1454-6

© VERLAG DR. KOVAČ in Hamburg 2004

Printed in Germany
Alle Rechte vorbehalten. Nachdruck, fotomechanische Wiedergabe, Aufnahme in Online-Dienste
und Internet sowie Vervielfältigung auf Datenträgern wie CD-ROM etc. nur nach schriftlicher
Zustimmung des Verlages.

Gedruckt auf holz-, chlor- und säurefreiem Papier Alster Digital. Alster Digital ist
alterungsbeständig und erfüllt die Normen für Archivbeständigkeit ANSI 3948 und ISO 9706.

VORWORT

Die wirtschaftliche Entwicklung verläuft schleppend; die deutsche Wirtschaft ist im Jahr 2002 nur um 0,2 Prozent gewachsen. Dabei handelt es sich um den geringsten Zuwachs seit 1993. Innerhalb der Europäischen Union gehört Deutschland damit zu den Ländern mit den geringsten Wachstumsraten. Die Organisation für wirtschaftliche Zusammenarbeit und Entwicklung (OECD) schätzt, dass das deutsche Bruttoinlandsprodukt (BIP) im Jahr 2003 kaum ansteigen oder sogar etwas sinken wird. Auch für den Arbeitsmarkt ist keine Besserung in Sicht – im Gegenteil. Die Arbeitslosenzahl von gegenwärtig rund 4,5 Millionen wird in absehbarer Zeit wegen der Konjunkturkrise nicht wesentlich sinken. Zur Bekämpfung der Arbeitslosigkeit und für eine verbesserte Vermittlung der Arbeitslosen wurden zahlreiche Vorschläge unterbreitet. Insbesondere die Hartz-Kommission hat ein Bündel von Maßnahmen vorgeschlagen, um die Arbeitslosenzahlen zu senken. Anknüpfungspunkt ist hier überwiegend die Vermittlung der Arbeitslosen an Unternehmen, die wirtschaftlich erfolgreich sind und deshalb neue Stellen zu besetzen haben.

Daneben ist das Augenmerk allerdings auch auf Unternehmen zu richten, die sich in einer wirtschaftlichen Krise befinden und bei denen die Eröffnung des Insolvenzverfahrens bevorsteht. Hier ergibt sich gegebenenfalls die Möglichkeit, das Unternehmen zu sanieren und einen Teil der Beschäftigten vor der Arbeitslosigkeit zu bewahren. Für eine derartige Arbeitsplatzsicherung bedarf es besonderer arbeitsrechtlicher

Regeln in der Insolvenzordnung. An der grundsätzlichen Anwendung des Arbeitsrechts hält die Insolvenzordnung zwar fest, sie sieht aber in den §§ 113 bis 128 InsO eine Reihe von Sondervorschriften vor, die den Besonderheiten des Insolvenzverfahrens Rechnung tragen sollen. Das Insolvenzarbeitsrecht ist Gegenstand dieser Untersuchung, die auf einen Vortrag an der Julius-Maximilians-Universität Würzburg zurückgeht.

Heidelberg, im März 2003　　　　　　　　　　　　　Christian Heinrich

INHALTSVERZEICHNIS

Vorwort		5
Inhaltsverzeichnis		7
A.	**Einleitung**	9
B.	**Gesetzliche Ausgangslage**	13
C.	**Das Insolvenzarbeitsrecht**	17
I.	Grundlagen	17
II.	Vergleich von Arbeitsrecht und Insolvenzarbeitsrecht	20
1.	Recht zur ordentlichen Kündigung	20
a)	Arbeitsrecht	20
b)	Insolvenzarbeitsrecht	22
2.	Kündigungsfrist bei ordentlichen Kündigungen	27
a)	Arbeitsrecht	27
b)	Insolvenzarbeitsrecht	29
3.	Betriebsbedingte Kündigung	34
a)	Arbeitsrecht	34
b)	Insolvenzarbeitsrecht	39
aa)	Geplante Betriebsänderung	40
bb)	Interessenausgleich	42
cc)	Namentliche Bezeichnung der Arbeitnehmer	43
dd)	Sachlicher und zeitlicher Zusammenhang	45
4.	Fristgerechte Klageerhebung	55
a)	Arbeitsrecht	55
b)	Insolvenzarbeitsrecht	55
5.	Kündigung von Betriebsvereinbarungen	56
a)	Arbeitsrecht	56
b)	Insolvenzarbeitsrecht	60

6.	Betriebsübergang	70
a)	Arbeitsrecht	70
b)	Insolvenzarbeitsrecht	74
III.	Zusammenfassung	77

D. Unternehmenssanierung in der Insolvenz   79

I.	Die Eröffnung des Insolvenzverfahrens	79
1.	Konkurs- und Vergleichsordnung	79
2.	Insolvenzordnung	80
3.	Eröffnungsantrag bei drohender Zahlungsunfähigkeit	82
a)	Antragsberechtigung	82
b)	Bestehen eines Eröffnungsgrundes	84
c)	Drohende Zahlungsunfähigkeit	85
II.	Das Sanierungsverfahren	89
III.	Ergebnis	93

E. Erweiterung des Anwendungsbereichs   95

I.	Ausgangsüberlegung	95
II.	Vorschläge zum Insolvenzarbeitsrecht	96

Literaturverzeichnis   99

A. Einleitung

Die jüngst angekündigten Stellenstreichungen bei deutschen Konzernen, die schlechte Stimmung unter den Unternehmern wie seit Jahren nicht, die deutlichen Bremsspuren des schwachen Wirtschaftswachstums sowie die Forderungen nach weiteren und vorgezogenen Steuerentlastungen bestimmen derzeit (März 2003) das konjunkturelle Bild für Deutschland. Anzeichen für eine baldige Aufhellung der Konjunktur sind – trotz regelmäßiger politischer Ankündigungen – kaum erkennbar. Das ersehnte Ende des Konjunkturabschwungs verschiebt sich weiter in die Zukunft. Die angespannte Wirtschaftslage hat im Jahr 2002 zu einem Pleitenrekord von 37.600 Insolvenzen geführt – rund 5.300 Insolvenzen mehr als im Jahr zuvor. Gegenüber 2001 hat sich die Zahl der Insolvenzen um 16,4 Prozent erhöht. Der Pleitegeier kreiste nicht nur über bekannte Unternehmen wie Kirch Media (Film-, Fernsehbranche), Cargolifter (Luftschiffbau), Babcock-Borsig (Energieanlagen), Herlitz (Büroartikel), Sachsenring (Automobilzulieferer) und Fairchild-Dornier (Flugzeugbau), sondern vor allem auch über dem Mittelstand. Im europäischen Vergleich liegt Deutschland (37.600) damit neben Frankreich (38.700 Insolvenzen) auf dem Spitzenplatz. Insgesamt kam es 2002 in Westeuropa zu über 150.200 Unternehmensinsolvenzen. 1,6 Millionen Arbeitsplätze gingen dabei verloren. Das ist gegenüber dem Vorjahr ein Anstieg um 200.000 (14,3 Prozent) und betrifft im europäischen Durchschnitt elf Mitarbeiter pro Betrieb.

Die Flut der Insolvenzen hat auch für wirtschaftlich gesunde Unternehmen unangenehme Folgen. Sie führt nicht nur zu Forderungsausfällen der betroffenen Gläubiger gegenüber den insolventen Unternehmen, sondern bewirkt bei sämtlichen Betrieben eine Erhöhung der Lohnnebenkosten. Die Bundesanstalt für Arbeit musste die Auszahlung des Insolvenzgeldes, das bei Firmeninsolvenzen Lohnansprüche abdeckt, um 40 Prozent anheben. Der im Umlageverfahren von den Berufsgenossenschaften für die Bundesanstalt für Arbeit erhobene Betrag ist daher auf 0,3 Prozent der Lohnsumme angestiegen und beläuft sich für 2002 auf insgesamt 1,9 Milliarden Euro. Auch der Pensionssicherungsverein, der im Falle einer Insolvenz die Auszahlung zugesagter Betriebsrenten übernimmt, hat den Risikoschutz deutlich verteuert. Im Jahr 2002 zahlten die Mitgliedsunternehmen für Rentenansprüche in Höhe von 225 Milliarden Euro rund eine Milliarde Euro. Der Pensionssicherungsverein hatte den Beitragssatz von 2,5 Promille der Rentenverpflichtungen auf 4,5 Promille angehoben. Ein Unternehmen mit Zusagen über 100 Millionen Euro musste 450.000 Euro statt vormals 250.000 Euro zahlen.

Nach neuen Berechnungen deutscher Wirtschaftsforschungsinstitute wurden durch die Insolvenzen im Jahr 2002 gesamtwirtschaftliche Schäden in Höhe von fast 40 Milliarden Euro verursacht und es sind 550.000 Arbeitsplätze weggefallen. Die Neusser Wirtschaftsauskunftei Creditreform erwartet, dass im Jahr 2003 etwa 40.000 bis 42.000 Unternehmen aufgrund von Zahlungsschwierigkeiten aufgeben müssen. Ansteigen werden die Insolvenzen in den alten Bundesländern, während für Ostdeutschland erstmals seit 1999 ein Rückgang der Firmeninsolvenzen prognostiziert wird. Nach Schätzung von Creditreform droht 2003 insgesamt rund 650.000 Beschäftigten der Verlust des Arbeitsplatzes, weil ihre Firma Insolvenz anmelden muss.

Für die Entwicklung am Arbeitsmarkt ist es deshalb von großer Bedeutung, inwieweit eine Sanierung der betroffenen Unternehmen gelingt und auf diese Weise zumindest ein Teil der Arbeitsplätze erhalten werden kann. Hierfür kommt es neben wirtschaftlichen Gesichtspunkten maßgeblich auf die Vorgaben der Insolvenzordnung an.

Die neue Konzeption der Insolvenzordnung verfolgt in § 1 S. 1 InsO die Idee, dass das Scheitern eines Unternehmens nicht zwangsläufig dessen Marktaustritt bzw. Zerschlagung zur Folge haben muss, sondern die Insolvenz auch die Chance für einen Neubeginn geben kann. Ziel des Insolvenzverfahrens ist die Befriedigung der Gläubiger des Schuldners entweder durch Verwertung des Schuldnervermögens oder durch Sanierung. Insolvenzverwaltern bieten sich für die Sanierung unterschiedliche Verfahrenswege an. Zu nennen sind die übertragende Sanierung, bei der das gesamte Unternehmen oder einzelne Unternehmensteile auf einen Dritten übertragen werden, oder das Insolvenzplanverfahren, das dem Reorganisationsverfahren des „Chapter 11" nach amerikanischem Konkursrecht ähnelt und die Ertragskraft des Unternehmens wieder herstellt. So wurde beispielsweise der Berliner Schreibwarenhersteller Herlitz in einem Insolvenzplanverfahren saniert.

Die Möglichkeiten der Liquidation und Sanierung stehen beide gleichermaßen zur Verfügung. Welche im Einzelfall zu ergreifen ist, richtet sich nach den wirtschaftlichen und rechtlichen Gegebenheiten. Aus arbeitsrechtlicher Sicht ist mithin entscheidend, ob eine Umstrukturierung durch das Insolvenzarbeitsrecht leichter durchzuführen ist als im materiellen Arbeitsrecht, also die Frage, ob das Insolvenzarbeitsrecht einen Beitrag für einen Ausweg aus der wirtschaftlichen Krise eines Unternehmens leisten kann.

Das Arbeitsrecht kann eine Sanierung des Unternehmens vereinfachen, wenn es für den Fall der Insolvenz besondere Mechanismen schafft, die eine Konsolidierung erleichtern. Vor Inkrafttreten der Insolvenzordnung waren die gesetzlichen Vorgaben von einer Insolvenzeröffnung unabhängig; das Arbeitsrecht fand grundsätzlich auch in der Insolvenz Anwendung.[1] Erst die Insolvenzordnung hat eine Reihe von arbeitsrechtlichen Sondervorschriften geschaffen. Ursache hierfür war aber nicht eine bewusste gesetzgeberische Entscheidung, vielmehr beruht die gesetzliche Ausgangslage teilweise auf zufälligen rechtspolitischen Entwicklungen.

---

1   BAG (GrS) NJW 1979, 774; BAG NJW 1980, 1124; BAG NJW 1983, 1341; BAG NJW 1985, 1238; zu einzelnen Durchbrechungen dieses Grundsatzes MünchKomm InsO/*Löwisch/Caspers*, vor §§ 113 bis 128 Rn. 3 m. weit. Nachw.

B. Gesetzliche Ausgangslage

Die neue Insolvenzordnung ist mit Ausnahme einzelner Vorschriften zum Insolvenzarbeitsrecht am 1.1.1999 in Kraft getreten und hat die Konkursordnung, die Vergleichsordnung sowie die Gesamtvollstreckungsordnung abgelöst. Die arbeitsrechtlichen Vorgaben für den Fall der Insolvenz (§§ 113, 120-122, 125-128 InsO) wurden bereits zum 1.10.1996 durch das arbeitsrechtliche Beschäftigungsförderungsgesetz[2] geltendes Recht. Grund dieser Auskoppelung des Arbeitsrechts war eine Angleichung des Insolvenzrechts an die materiellrechtlichen Vorgaben im arbeitsrechtlichen Beschäftigungsförderungsgesetz.

Dieser weitgehende Gleichlauf materiellrechtlicher und insolvenzrechtlicher Regelungsgehalte wurde durch das sozialversicherungs- und arbeitsrechtliche Korrekturgesetz[3] aufgehoben. Art. 6 des Korrekturgesetzes macht die materiellrechtlichen Änderungen, die in der Zeit vom 1. 10. 1996 bis zum 31. 12. 1998 galten, weitgehend rückgängig:

- Die bis zum 30.9.1996 gültig gewesene Fassung des § 1 Abs. 3 S. 1 KSchG wurde zum 1.1.1999 wieder hergestellt, wonach bei der Auswahl der für eine betriebsbedingte Kündigung in Betracht kommenden vergleichbaren Arbeitnehmer soziale Gesichtspunkte ausreichend zu berücksichtigen sind.

---

2 Arbeitsrechtliches Gesetz zur Förderung von Wachstum und Beschäftigung vom 25.9.1996, BGBl. I S. 1476; Gesetzesmaterialien BT-Drucks. 13/4612 und 13/5107.
3 Gesetz zu Korrekturen in der Sozialversicherung und zur Sicherung der Arbeitnehmerrechte vom 19.12.1998, BGBl. I S. 3843.

- Wieder hergestellt wurde auch die frühere, bis zum 30.9.1996 maßgebend gewesene Fassung des § 1 Abs. 3 S. 2 KSchG.
- Die Regelung des § 1 Abs. 4 KSchG, wonach die gerichtliche Überprüfung der Sozialauswahl bei der Existenz von kollektivvertraglichen Auswahlrichtlinien auf grobe Fehlerhaftigkeit beschränkt ist, blieb inhaltlich über den 31.12.1998 hinaus bestehen und wurde lediglich zum 1.1.1999 redaktionell an die neue Fassung des § 1 Abs. 3 KSchG angepasst.
- Die Regelung in § 1 Abs. 4 S. 2 und S. 3 KSchG, wonach Auswahlrichtlinien, die der Arbeitgeber in Betrieben ohne gewählte Arbeitnehmervertretung mit Zustimmung von zwei Dritteln der Belegschaft erlässt, nur der beschränkten gerichtlichen Überprüfung unterliegen, wurde zum 1.1.1999 ersatzlos aufgehoben.
- Aufgehoben wurde zu diesem Stichtag auch der komplette § 1 Abs. 5 KSchG, wonach bei der Existenz einer Namensliste im Interessenausgleich vermutet wurde, dass die Kündigung durch dringende betriebliche Erfordernisse bedingt und die gerichtliche Überprüfung der Sozialauswahl auf grobe Fehlerhaftigkeit beschränkt ist.
- Der Schwellenwert des § 23 Abs. 1 KSchG, bis zu dem Betriebe dem Kündigungsschutz nicht unterliegen, wurde zum 1.1.1999 von bisher zehn auf nunmehr fünf Arbeitnehmer herabgesetzt. Auch hierbei handelt es sich im wesentlichen um eine Wiedereinführung des vor dem 1.10.1996 maßgeblich gewesenen Rechtszustandes.
- Die Neuregelung des § 113 Abs. 3 S. 2 und S. 3 BetrVG, durch die zum 1.10.1996 die Zeit unzulässiger arbeitgeberseitiger Betriebsände-

rungen im Betriebsänderungsverfahren auf höchstens drei Monate reduziert worden war, wird aufgehoben. Das bedeutet, dass §§ 111 ff. BetrVG eine Verzögerung des Betriebsänderungsverfahrens erlauben. Der frühere, bis zum 30.9.1996 gültige Rechtszustand ist damit wiederhergestellt, mit Ausnahme der neuen Umrechnungsfaktoren für Teilzeitbeschäftigte in § 23 Abs. 1 S. 3 KSchG und des Punktes, dass es beim Vorrang von kollektivvertraglichen Auswahlrichtlinien verblieben ist (inhaltliche Beibehaltung des früheren § 1 Abs. 4 S. 1 KSchG, der nunmehr den alleinigen Text des vierten Absatzes bildet). Folge des Regierungswechsels von der christlich-liberalen Koalition hin zur rot-grünen Koalition ist also ein "doppeltes Arbeitsrecht", eines für den regelmäßigen Geschäftsverkehr und eines für das Insolvenzverfahren.

Die Divergenz materiellrechtlichen Arbeitsrechts und der Sonderregelungen in der Insolvenzordnung gibt Anlass, zunächst näher zu untersuchen, ob das Insolvenzarbeitsrecht im Vergleich zum materiellen Arbeitsrecht Vorteile für die Umstrukturierung eines Unternehmens bringt. Ist dies zu bejahen, schließt sich die Frage an, ob die Insolvenzordnung eine Anwendung des Insolvenzarbeitsrechts auch bereits in der wirtschaftlichen Krise ermöglicht, also die Unternehmenssanierung als Ausweg aus der Krise zulässt.

C. Das Insolvenzarbeitsrecht

I. Grundlagen

Der Bestand des Arbeitsverhältnisses wird allein aufgrund der Eröffnung des Insolvenzverfahrens nicht berührt. Den Arbeitnehmern soll kein einseitiges Sanierungsopfer zugunsten der anderen Gläubiger auferlegt werden. Schutzbedürftige Belange der Arbeitnehmer sind gerade auch in der Insolvenz des Arbeitgebers zu beachten, ansonsten wäre das Arbeitnehmerschutzrecht lediglich ein "Schönwetterrecht"[4]. Grundsätzlich führt deshalb die Insolvenz des Unternehmens zu keinen Auswirkungen auf das Arbeitsverhältnis. Auf das Spannungsverhältnis zwischen den schutzwürdigen Interessen der Arbeitnehmer und denen der Insolvenzgläubiger hat der Gesetzgeber mit einzelnen besonderen Regelungen reagiert. Diese Vorschriften der Insolvenzordnung gehen dem allgemeinen Arbeitsrecht vor; ist in ihnen aber keine abweichende Regelung zu finden, verbleibt es auch nach der Eröffnung des Insolvenzverfahrens bei den allgemeinen Vorschriften.[5] Es handelt sich also um Ausnahmenormen für den Insolvenzfall.

In § 108 Abs. 1 S. 1 InsO ist ausdrücklich festgelegt, dass Dienstverhältnisse des Schuldners mit Wirkung für die Insolvenzmasse fortbestehen. Die Bestimmung stellt eine Ausnahme zu § 103 InsO dar, nach dem der Verwalter ein Wahlrecht hat, ob er vom Schuldner geschlossene Verträge erfüllen will oder nicht. Ein Wahlrecht im Sinne des

---

[4] *Gottwald/Heinze*, Insolvenzrechtshandbuch, § 102 Rn. 10.
[5] *Nerlich/Römermann/Hamacher*, vor § 113 Rn. 6, 14.

§ 103 InsO steht dem Insolvenzverwalter für in Vollzug gesetzte Arbeitsverhältnisse daher nicht zu. Der Insolvenzverwalter muss die Arbeitnehmer deshalb zunächst weiterbeschäftigen und ihr Entgelt aus der Masse bezahlen (§ 55 Abs. 1 Nr. 2 InsO). Dies gilt allerdings nur für Löhne aus der Zeit nach der Eröffnung des Insolvenzverfahrens. Rückständige Löhne aus der Zeit vor der Eröffnung des Insolvenzverfahrens sind nur einfache Insolvenzforderungen (§ 108 Abs. 2 InsO). Diese für die Arbeitnehmer nachteilige Regelung wird weitgehend dadurch ausgeglichen, dass die Beschäftigten nicht bezahltes Arbeitsentgelt für die letzten drei Arbeitsmonate vor der Verfahrenseröffnung als Insolvenzgeld vom Arbeitsamt erhalten (§§ 183 ff. SGB III). Die Mittel für das Insolvenzgeld werden von den Berufsgenossenschaften aufgebracht, die sie ihrerseits von ihren Mitgliedern erhalten, §§ 358 ff. SGB III. Für die vom Schuldner versprochenen Renten (Versorgungszusagen) tritt nach Maßgabe der §§ 3, 7, 14 BetrAVG der Pensionssicherungsverein ein. Zahlt der Insolvenzverwalter nach der Verfahrenseröffnung das Entgelt nicht, erhalten die Arbeitnehmer Arbeitslosengeld vom Arbeitsamt (§ 143 Abs. 3 SGB III).

Eine streitige Frage ist, was bei Arbeitsverhältnissen gilt, die noch nicht in Vollzug gesetzt wurden. Dem Insolvenzverwalter stand nach bisheriger Rechtslage ein Wahlrecht nach § 17 KO zu, aufgrund dessen er Erfüllung des gegenseitigen Vertrages verlangen oder ablehnen konnte. Der Gesetzgeber hat nun in § 108 Abs. 1 S. 1 InsO ausdrücklich festgelegt, dass Dienstverhältnisse fortbestehen. Im Schrifttum ist gleichwohl umstritten, ob nach neuem Recht dem Insolvenzverwalter bei noch nicht in Vollzug gesetzten Arbeitsverhältnissen das Wahlrecht nach § 103 InsO zusteht oder § 108 Abs. 1 S. 1 InsO dem entgegensteht.[6] In der Gesetzesbegründung heißt es einerseits, dass das Wahlrecht des Insolvenzverwalters bei Dienstverhältnissen keine Anwendung findet, andererseits betont der Gesetzgeber dass diese Lösung der bisherigen Rechtslage entspricht. Dabei wird jedoch lediglich auf § 22 KO, nicht aber auf § 17 KO verwiesen. Deshalb ist davon auszugehen, dass der Insolvenzverwalter auch bei noch nicht angetretenen Arbeitsverhältnissen kein einseitiges Wahlrecht besitzt. Der Insolvenzverwalter ist an den Arbeitsvertrag gebunden.[7] Der Insolvenzverwalter hat allen Arbeitnehmern ihr Entgelt aus der Masse zu bezahlen (§ 55 Abs. 1 Nr. 2 InsO); darauf, ob der Arbeitsvertrag bereits in Vollzug gesetzt wurde oder nicht, kommt es nicht an.

Durch die Eröffnung des Insolvenzverfahrens bleibt der Inhalt der Arbeitsverhältnisse ansonsten grundsätzlich unberührt. Auch tarifvertraglich geregelte Arbeitsbedingungen ändern sich durch die Insolvenzeröffnung nicht. Der Auffassung, wonach es in der Insolvenz unzumutbar sein könne, tarifliche Ansprüche zu erfüllen,[8] ist nicht zu folgen, weil die Insolvenzeröffnung rechtlich auf den Bestand des Tarifvertrages keine Auswirkung hat.[9] Dies gilt selbst dann, wenn - wie häufig in der Praxis - Satzungen der Arbeitgeberverbände die Klausel

---

6 Für ein Wahlrecht *Lakies*, RdA 1997, 145, Fn. 10; *Lohkemper*, KTS 1996, 1, 4; gegen ein Wahlrecht *Berscheid*, ZInsO 1998, 115, 116; *Nerlich/Römermann/Hamacher*, § 113 Rn. 10.
7 *Nerlich/Römermann/Hamacher*, § 113 Rn. 9 f.; *Zwanziger*, Arbeitsrecht, § 108 Rn. 2.
8 *Belling/Hartmann*, NZA 1998, 57 ff.
9 Wie hier auch *Zwanziger*, Arbeitsrecht, § 108 Rn. 8.

enthalten, dass eine Mitgliedschaft mit Insolvenzeröffnung endet. Denn nach § 3 Abs. 3 TVG bleibt die Tarifgebundenheit bestehen, bis der Tarifvertrag endet. Auch die betriebsverfassungsrechtlichen Regelungen gelten weiter, soweit das Insolvenzrecht in §§ 120 bis 126 InsO keine Besonderheiten vorgibt. Der Arbeitgeber und damit der Insolvenzverwalter hat gemäß § 40 BetrVG für die Kosten der Betriebsratsarbeit einzustehen. Sind die Kosten im Sinne des § 40 BetrVG vor der Eröffnung des Insolvenzverfahrens entstanden, handelt es sich um einfache Insolvenzforderungen (§ 38 InsO), sind die Kosten danach begründet worden, sind sie als Masseverbindlichkeiten (§ 55 Abs. 1 Nr. 1 InsO) in voller Höhe zu erstatten.

Da die Insolvenzeröffnung den Bestand der Arbeitsverhältnisse nicht beeinflusst, wird der Insolvenzverwalter danach streben, nach der Eröffnung des Insolvenzverfahrens die Kostenbelastung durch hohe Beschäftigtenzahlen zu senken. Im Folgenden ist zu untersuchen, ob die insolvenzrechtlichen Vorschriften im Verhältnis zum Arbeitsrecht Vorteile in Bezug auf die erstrebte Kostensenkung bringen.

II. Vergleich von Arbeitsrecht und Insolvenzarbeitsrecht
1. Recht zur ordentlichen Kündigung
a) Arbeitsrecht

Das Gesetz sieht für Arbeitsverhältnisse - wie regelmäßig bei Dauerschuldverhältnissen - ein Kündigungsrecht vor. Die Kündigung hat rechtsgestaltende Wirkung und steht grundsätzlich beiden Vertragsparteien zu, ohne dass dies der Vereinbarung bedarf, § 620 Abs. 2 BGB. Die wichtigste Kündigungsform stellt die ordentliche Kündigung dar. Sie ist in der Regel an die Einhaltung einer gesetzlichen, tariflichen oder arbeitsvertraglichen Frist gebunden. Zum Nachteil des Arbeitnehmers kann von den Kündigungsvorgaben regelmäßig nicht abgewichen werden.

Die Abdingbarkeit des § 622 Abs. 1-3 BGB ist in den Absätzen 4 bis 6 abschließend geregelt. Von den Regelungen des Kündigungsschutzgesetzes kann nicht zum Nachteil des Arbeitnehmers abgewichen werden. Für beide Seiten unabdingbar ist das Recht zur außerordentlichen Kündigung. § 626 BGB ist beidseitig zwingend, weil von keiner Partei verlangt werden kann, dass sie sich an einen unzumutbaren Vertrag festhalten lassen muss. Unzulässig ist auch jede unzumutbare Erschwerung des Rechts zur außerordentlichen Kündigung, wie etwa die abschließende Festlegung von Gründen.

Zulässig sind Änderungen zugunsten des Arbeitnehmers. Möglich sind etwa der Ausschluss der ordentlichen Kündigung, die Verlängerung von Kündigungsfristen oder die Erweiterung der Beteiligungsrechte der Belegschaftsvertretung (vgl. § 102 Abs. 5 BetrVG).

Vor allem in Rationalisierungsschutzabkommen wird häufig die betriebsbedingte Kündigung ausgeschlossen oder von finanziellen Zuwendungen des Arbeitgebers abhängig gemacht. Mitunter wird das Kündigungsverbot mit der Pflicht verbunden, den Arbeitnehmer auf einem anderen Arbeitsplatz weiterzubeschäftigen. Muss der Betrieb schließlich doch stillgelegt werden, besteht trotz des Kündigungsverbots im Regelfall das Recht zu einer außerordentlichen Kündigung. In Betriebsvereinbarungen können Kündigungsverbote wegen der Sperrwirkung des Tarifvertrages (§ 77 Abs. 3 BetrVG) praktisch nicht geregelt werden. In Betracht kommen Richtlinien zur sozialen Auswahl unter mehreren zur Kündigung anstehenden Arbeitnehmern (§ 95 BetrVG). Wird dagegen verstoßen, kann der Betriebsrat der Kündigung widersprechen (§ 102 Abs. 3 Nr. 2 BetrVG). Betriebliche Auswahlrichtlinien müssen die Grundsätze des § 1 Abs. 3 KSchG beachten. Im Arbeitsvertrag sind Kündigungsbeschränkungen ohne weiteres zulässig. Allerdings können auch die Arbeitsvertragsparteien die außerordentliche Kündigung weder ausschließen noch unzumutbar erschweren.

Von diesen Möglichkeiten, das Recht zur ordentlichen Kündigung einzuschränken, wird vielfach, vor allem in Tarifverträgen zum Vorteil des Arbeitnehmers Gebrauch gemacht. Wird ein befristetes Arbeitsverhältnis vereinbart (§ 620 BGB), ist das Recht zur ordentlichen Kündigung regelmäßig ausgeschlossen.

Das allgemeine Arbeitsrecht erlaubt es folglich, zugunsten der Arbeitnehmer lange Kündigungsfristen oder die ordentliche Unkündbarkeit zu vereinbaren.

b) Insolvenzarbeitsrecht

Insolvenzverwalter und Arbeitnehmer können nach § 113 Abs. 1 S. 1 InsO ohne Rücksicht auf eine vereinbarte Vertragsdauer oder einen vereinbarten Ausschluss des Rechts zur ordentlichen Kündigung die

Kündigung erklären. Nur gesetzliche Kündigungsbeschränkungen sind vom Insolvenzverwalter zu beachten, also z. B. § 15 KSchG, § 9 MuSchG, § 18 BErzGG, § 2 ArbPlSchG, § 78 Abs. 1 Nr. 1 ZivildienstG. Das heißt, dass in der Insolvenz auch eine Kündigung befristeter Arbeitsverträge zulässig ist.[10] Keinen Bestand haben in der Insolvenz auch arbeitsvertragliche Unkündbarkeitsregeln oder entsprechende Klauseln in Tarifverträgen.

Problematisch erscheint diese Bedeutungslosigkeit vereinbarter Unkündbarkeit oder verlängerter Kündigungsfristen in Bezug auf tarifvertragliche Regelungen. Nach alter Rechtslage (§ 22 Abs. 1 KO, § 9 Abs. 2 GesamtvollstreckungsO) wurden Tarifklauseln als konkursfest angesehen, das heißt, unkündbaren Arbeitnehmern konnte auch in der Insolvenz nur außerordentlich nach § 626 BGB gekündigt werden, zum Beispiel im Wege der außerordentlichen betriebsbedingten Kündigung mit einer Auslauffrist entsprechend der ordentlichen Kündigungsfrist bei Betriebsstilllegung oder dem Entfallen jeder Beschäftigungsmöglichkeit. Da § 113 Abs. 1 S. 1 InsO nur von vereinbarten Kündigungsgrenzen spricht, ist streitig, ob hierzu auch tarifvertragliche Regelungen zählen. Ein Teil des Schrifttums qualifiziert tarifliche Kündigungsabreden als gesetzliche und sieht sie deshalb von § 113 Abs. 1 S. 1 InsO als nicht erfasst an.[11] Gegen diese Auslegung spre-

---

10 *Nerlich/Römermann/Hamacher*, § 113 Rn. 22, 48; *Kübler/Prütting/Moll*, § 113 Rn. 45.
11 *Lohkemper*, KTS 1996, 1, 8; *Kittner/Trittin*, Kündigungsschutzrecht, § 113 InsO Rn. 4 (keine Anwendung bei Tarifverträgen und Betriebsvereinbarungen).

chen zahlreiche Argumente; sie wird deshalb von der herrschenden Meinung zu Recht abgelehnt:

Dagegen spricht zunächst die Rechtsnatur des Tarifvertrages. Der Tarifvertrag kommt als privatrechtlicher Vertrag zwischen einem oder mehreren Arbeitgebern oder Arbeitgeberverbänden und einer oder mehreren Gewerkschaften zustande. Inhalt ist die Regelung von arbeitsrechtlichen Rechten und Pflichten der Tarifvertragsparteien (schuldrechtlicher Teil) und die Festsetzung von Rechtsnormen über Inhalt, Abschluss und Beendigung von Arbeitsverhältnissen sowie über betriebliche und betriebsverfassungsrechtliche Fragen und gemeinsame Einrichtungen der Vertragsparteien (vgl. §§ 1, 2 Abs. 1, 4 Abs. 2 TVG). Auch der normative Teil mit seiner zwingenden und unmittelbaren Wirkung hat als Basis die Vereinbarung der Tarifvertragsparteien. Die in § 1 TVG verfügte Rechtssatzqualität der Tarifvertragsbestimmungen macht diese deshalb nicht zu gesetzlichen Regelungen. Nach dem Wortlaut des § 113 Abs. 1 S. 1 InsO ist infolgedessen davon auszugehen, dass auch Tarifverträge erfasst sind.

Insolvenzrechtliche Argumente bestätigen diese Einschätzung. Der Rechtsausschuss ist davon ausgegangen, dass sich bei der Fassung des § 113 Abs. 1 S. 1 InsO die Problematik der tariflichen Kündigungsfristen nicht mehr stellt.[12] Die Auslegung anhand der Entstehungsgeschichte wird auch vom Sinn und Zweck der Insolvenzordnung getragen. Die Förderung der Sanierungsfähigkeit eines Betriebes ist nur bei Erhalt oder Schaffung einer ausgewogenen Personalstruktur (vgl.

---

[12] Vgl. Begründung Rechtsausschuss, BT-Drucks. 12/7302, S. 169.

§ 125 Abs. 1 S. 1 Nr. 2 InsO) möglich, die auch eine Entlassung eines Teils der älteren Arbeitnehmer erfordern kann. Da der Ausschluss des Rechts zur ordentlichen Kündigung in erster Linie ältere Arbeitnehmer schützt, eine personelle Überalterung des Betriebes aber sanierungsschädlich ist, widerspricht die Herausnahme tarifvertraglicher Abreden aus dem Anwendungsbereich des § 113 Abs. 1 S. 1 InsO dem Zweck der Insolvenzordnung.[13] Zu einem gleichen Ergebnis führt die systematische Auslegung. Satz 2 des § 113 Abs. 1 InsO verkürzt jede Kündigungsfrist. Wenn aber Satz 2 sich auf sämtliche Regelungen bezieht, ist nicht nachvollziehbar, warum bei Satz 1 tarifliche Regelungen ausgeschlossen sein sollten. Alle vier Auslegungsmethoden sprechen also dafür, dass § 113 Abs. 1 S. 1 InsO auch tarifvertragliche Unkündbarkeits- oder Kündigungserschwerungsregeln außer Kraft setzt.

Diese Wirkung des § 113 Abs. 1 S. 1 InsO ist auch nicht - wie stellenweise behauptet wird[14] - als ungerechtfertigter Eingriff in den Schutzbereich des Art. 9 Abs. 3 GG anzusehen.[15] Die Tarifvertragsparteien haben Normsetzungsbefugnis. Sie haben kein Normsetzungsmonopol. Dem Gesetzgeber ist die Regelung von Fragen, die Gegenstand von Tarifverträgen sein können, nicht von vornherein ent-

---

[13] *Berscheid*, InVo 1998, 32, 33; *ders.*, ZInsO 1998, 115, 124; Erfurter-Kommentar/*Müller-Glöge*, § 113 InsO Rn. 10; *Löwisch*, NZA 1996, 1009, 1017; *Nerlich/Römermann/Hamacher*, § 113 Rn. 50.
[14] ArbG Stuttgart NZA-RR 1998, 137; *Zwanziger*, Arbeitsrecht, § 113 Rn. 15 ff.; *Kittner/Trittin*, Kündigungsschutzrecht, § 113 InsO Rn. 5; *Bichlmeier/Oberhofer*, AiB 1997, 161, 162.
[15] Vgl. BVerfG NZA 1999, 597, 923; BAG NZA 1999, 1331; *Kübler/Prütting/Moll*, § 113 Rn. 64 f.; *Heinze*, NZA 1999, 57, 59; *Nerlich/Römermann/Hamacher*, § 113 Rn. 51.

zogen. Der Gesetzgeber kann Arbeitsbedingungen regeln, die durchaus auch - wie dies bei Kündigungsfristen der Fall ist - zum Gestaltungsbereich der Tarifvertragsparteien gehören, wenn er Grundrechte Dritter oder Belange mit Verfassungsrang geltend macht und den Grundsatz der Verhältnismäßigkeit wahrt. Die Betätigungsfreiheit der Koalitionen ist außerhalb des Kernbereichs nicht schrankenlos gewährleistet. Der Gesetzgeber zielt mit § 113 InsO darauf ab, die Funktionsfähigkeit von Insolvenzverfahren zu sichern und das Interesse von Insolvenzgläubigern an einer angemessenen Quote zu realisieren. Ziel ist auch ein Ausgleich zwischen den sozialen Belangen der Arbeitnehmer und den vermögensmäßigen Interessen der Insolvenzgläubiger. Einen sachwidrigen, unverhältnismäßigen Eingriff in die von Art. 9 Abs. 3 GG geschützte Normsetzung der Tarifvertragsparteien lässt dies nicht erkennen. Der Gesetzgeber hat sich im Rahmen des gesetzgeberischen Ermessens gehalten. Es ist als grundlegende Verantwortung des Gesetzgebers anzusehen, die Gesamtinteressen im Zusammenhang mit Insolvenzverfahren gegebenenfalls auch gegen Gruppeninteressen angemessen zur Geltung zu bringen.[16]

§ 113 Abs. 1 S. 1 InsO erlaubt es, sämtliche nicht gesetzlich geregelten Kündigungshemmnisse außer Betracht zu lassen und schränkt deshalb die - häufig mühsam erzielten - Rechte der Arbeitnehmer in beträchtlichem Umfang ein. Der Arbeitgeber kann sich von Arbeitsplatzzusagen lösen.

---

16 Ähnlich *Kübler/Prütting/Moll*, § 113 Rn. 65.

2. Kündigungsfrist bei ordentlichen Kündigungen
a) Arbeitsrecht

Nachdem in Reaktion auf Entscheidungen des Bundesverfassungsgerichts[17] 1993 das Kündigungsfristengesetz erlassen wurde, regelt § 622 BGB die Kündigungsfristen für Arbeiter und Angestellte einheitlich. Während die sogenannte Grundkündigungsfrist des ersten Absatzes als Mindestfrist sowohl für Arbeitgeber- als auch für Arbeitnehmerkündigungen gilt, ist nach § 622 Abs. 2 BGB die arbeitgeberseits einzuhaltende Kündigungsfrist abhängig von der Beschäftigungsdauer des Arbeitnehmers, wobei bei der Berechnung Beschäftigungszeiten erst ab dem vollendeten 25. Lebensjahr Berücksichtigung finden. Das Gesetz sieht abhängig von der Dauer der Betriebszugehörigkeit einen stufenweisen Übergang von kürzeren Fristen zu Beginn des Arbeitsverhältnisses zu längeren Fristen vor. Die Staffelung beginnt mit einer Kündigungsfrist von einem Monat nach zweijähriger Beschäftigungsdauer und geht bis zu sieben Monaten nach zwanzigjähriger Beschäftigungsdauer jeweils zum Ende eines Monats.

Die Bindung an die Kündigungsfristen dient dem Schutz des Vertragspartners, hier also vorwiegend dem Schutz des Arbeitnehmers. Er soll sich rechtzeitig auf die Beendigung des Vertragsverhältnisses einstellen können. Der Bestand der Vertragsbeziehung erzeugt bei den Vertragspartnern eine Kontinuitätserwartung, die sich auf den zukünftigen Fortbestand richtet, und sich mit zunehmender Vertragsdauer verstärkt. Je länger das Dauerschuldverhältnis störungsfrei vollzogen

---

17 BVerfG DB 1990, 1565; DB 1983, 450.

wird, desto größer wird das Vertrauen in den zukünftigen Fortbestand der Vertragsbeziehung.

Bei diesem Kontinuitätsinteresse handelt es sich nicht um rechtlich unbedeutende Erwartungen, sondern um die Folge des in die Zukunft gerichteten Leistungsversprechens. Es gilt der Grundsatz pacta sunt servanda. Da ein vertragliches Leistungsversprechen erst mit der Beendigung des Vertrages seine Verbindlichkeit verliert, kann der Vertragspartner auf den zukünftigen Leistungsaustausch vertrauen. Diesem Vertrauen gegenüber steht der Grundsatz der Kündigungsfreiheit. Die Kündigungsfreiheit verliert als Abwägungselement aber mit der Länge des Dauerschuldverhältnisses gegenüber dem Vertrauenselement an Bedeutung, so dass die Kündigungsfrist grundsätzlich länger zu bestimmen ist. Deshalb wird mit steigender Betriebszugehörigkeit ein höherer Bestandsschutz eingeräumt. Diese Schutzfunktion ist nur formeller Art, weil sie kein inhaltliches Rechtfertigungserfordernis aufstellt.[18]

Gleichwohl gibt der formelle Kündigungsschutz dem Arbeitnehmer die Sicherheit, dass ihm die Möglichkeit offen steht, sich in angemessener Zeit eine neue Arbeitsstelle zu suchen.

---

[18] Ein materieller Kündigungsschutz besteht, wenn die Kündigung in bestimmten Sachlagen ausgeschlossen ist oder von dem Bestand konkreter Kündigungsgründe abhängt. Näher *Preis*, Prinzipien des Kündigungsrechts bei Arbeitsverhältnissen, 1987, S. 12 f., m. Nachw.

b) Insolvenzarbeitsrecht
§ 113 Abs. 1 S. 2 InsO gibt dem Insolvenzverwalter - anders als die missverständliche Formulierung unter Umständen erwarten lässt - wegen der Insolvenz kein besonderes Kündigungsrecht und keinen besonderen Kündigungsgrund. Es bleibt bei den allgemeinen Regeln. Die Norm verkürzt als insolvenzrechtliche Sonderregel lediglich die Kündigungsfrist auf höchstens drei Monate und legt den Kündigungstermin auf das Monatsende fest. Infolgedessen werden auch alle gesetzlichen oder vereinbarten dreimonatigen Kündigungsfristen mit einem längeren Kündigungstermin, z. B. zum Quartalsende, von § 113 Abs. 1 S. 2 InsO verdrängt. Das Monatsende ist nach § 192 BGB der letzte Tag des Monats. Bei einer Kündigung Mitte März wird das Arbeitsverhältnis also zum 30. Juni beendet.

Die Vorschrift ist zwingendes Recht; nach § 119 InsO kann seine Anwendung weder im Voraus ausgeschlossen noch beschränkt werden. Mit der Formulierung "im voraus" ist nicht der Zeitpunkt des Vertragsabschlusses gemeint, sondern der der Eröffnung des Insolvenzverfahrens. Vereinbarungen innerhalb des Insolvenzverfahrens zwischen Insolvenzverwalter und Gläubiger werden von § 119 InsO nicht erfasst.

Die Begrenzungswirkung bezieht sich auf sämtliche Kündigungsfristen und verkürzt sie unabhängig davon, ob sie auf Gesetz, Tarifvertrag oder Arbeitsvertrag beruhen. Derartige Kündigungsfristen sind für den Arbeitnehmer und für den Insolvenzverwalter nur dann von Bedeutung, wenn sie zulässigerweise (vgl. § 622 Abs. 5 BGB) vereinbart und kürzer sind als die in § 113 Abs. 1 S. 2 InsO normierte Dreimonatsfrist. Die Norm erfasst sowohl Beendigungs- als auch Änderungskündigungen.

Ist das Arbeitsverhältnis bereits vor der Eröffnung des Insolvenzverfahrens mit einer längeren als dreimonatigen Frist gekündigt worden, so kann es nach Verfahrenseröffnung erneut mit der nun einschlägigen dreimonatigen Frist gekündigt werden. Dies gilt unabhängig davon, ob die zunächst ausgesprochene Kündigung bereits Wirksamkeit erlangt hat.

Ist eine vereinbarte Kündigungsfrist kürzer als drei Monate und länger als die gesetzlich einschlägige Frist, so ist fraglich, welche Kündigungsfrist im Sinne des § 113 Abs. 1 S. 2 InsO "maßgeblich" ist. Teile der Rechtsprechung verstehen die Regelung dahingehend, dass vertragliche Kündigungsfristen nur dann maßgeblich sein sollen, wenn sie die gesetzlichen unterschreiten. Die Neuregelung des § 113 Abs. 1 S. 2 InsO wolle insoweit nicht von der bisherigen Bestimmung des § 22 KO abweichen. In § 22 Abs. 1 S. 2 KO war ausdrücklich bestimmt, dass die gesetzliche Kündigungsfrist anzuwenden war, wenn nicht eine kürzere Frist bedungen war. § 113 Abs. 1 S. 2 InsO lässt hingegen die Rechtsgrundlage für die kürzere maßgebliche Kündigungsfrist offen. Solange das Gesetz nicht anordnet, dass eine einzelvertragliche Kündigungsfrist ersetzt wird, beansprucht diese Geltung.

Problematisch ist weiterhin, ob gesetzliche Kündigungsfristen auf solche Arbeitsverhältnisse anzuwenden sind, die bei Ausschluss des Rechts zur ordentliche Kündigung allein aufgrund des § 113 Abs. 1

S. 1 InsO gekündigt werden können, oder ob die dreimonatige Höchstfrist anzuwenden ist. Im Schrifttum finden sich beide Auffassungen. Die Anwendung der Dreimonatsfrist erscheint konsequent, wenn man wie bisher in der Unkündbarkeit die Vereinbarung einer unendlich langen Kündigungsfrist sieht. Gegen die Gleichstellung der Unkündbarkeit mit einer unendlich langen Kündigungsfrist gab es aber bisher schon Bedenken im Hinblick auf die unterschiedlichen Ziele dieser Vereinbarungen. Allerdings könnte ansonsten einem außerhalb des Insolvenzverfahrens unkündbaren Arbeitnehmer kurzfristiger gekündigt werden als einem Arbeitnehmer, dem nur eine längere Kündigungsfrist zukommt. Teilweise wird darin aber kein Wertungswiderspruch gesehen. Aufgrund des § 113 Abs. 1 S. 1 InsO könne ein Arbeitnehmer kein Vertrauen in die Unkündbarkeit bei Insolvenz aufbauen. Dem ist zu widersprechen: Die Höchstfrist betrifft vor allem solche Arbeitnehmer, die bereits längere Zeit im Unternehmen des insolventen Schuldners tätig sind. Gerade tarifliche Unkündbarkeitsklauseln dienen als weitere Stufe zur Absicherung solcher Arbeitnehmer. In der Insolvenz würde die Steigerung von einer verlängerten Kündigungsfrist hin zur Unkündbarkeit einen Rückschritt bedeuten. Unkündbare Arbeitnehmer würden mit solchen gleichgestellt, die erst seit relativ kurzer Zeit im Unternehmen des insolventen Schuldners beschäftigt sind.[19]

Das Insolvenzarbeitsrecht berücksichtigt allerdings ebenfalls die Belange der gemäß § 113 Abs. 1 S. 1 und 2 InsO gekündigten Arbeit-

---

19 Vgl. *Nerlich/Römermann/Hamacher*, § 113 Rn. 94 ff.

nehmer. Nach § 113 Abs. 1 S. 3 InsO kann dem Arbeitnehmer als Insolvenzgläubiger (§ 38 InsO) ein Schadensersatzanspruch zustehen. Dies ist der Fall bei einer Kündigung mit der Dreimonatsfrist, sofern nach allgemeinem Arbeitsrecht eine längere Kündigungsfrist maßgeblich gewesen wäre, und bei einer Befristung sowie bei einem arbeits- oder tarifvertraglichen Ausschluss des Rechts zur ordentlichen Kündigung. Mittels § 113 Abs. 1 S. 3 InsO ist der Verfrühungsschaden zu ersetzen, also der Schaden, der dem Arbeitnehmer durch die vorzeitige Beendigung des Arbeitsverhältnisses entsteht. Wegen des Verlustes des Arbeitsplatzes steht dem Arbeitnehmer hingegen kein Schadensersatz zu.

Der Anspruch nach § 113 Abs. 1 S. 3 InsO umfasst daher den entgangenen Verdienst, Provisionen und Naturalzuwendungen für die Zeit, um die sich das Arbeitsverhältnis aufgrund der vorzeitigen Kündigung durch den Insolvenzverwalter verkürzt hat.[20] Der Schaden kann auch darin liegen, dass aus einer bestehenden Pensionsanwartschaft keine Pensionsberechtigung wird, weil der Arbeitnehmer im insolventen Unternehmen das entsprechende Alter nicht mehr erreicht. Voraussetzung für einen derartigen Schadensposten ist, dass die Anwartschaft in dem Zeitraum zwischen dem Ablauf der Kündigungsfrist (§ 113 Abs. 1 S. 2 InsO) und der einzelvertraglich, gesetzlich oder tariflich längeren Kündigungsfrist unverfallbar würde.[21] Mit dem Anspruch aus § 113 Abs. 1 S. 3 InsO sind anderweitiger Verdienst, ersparte

---

[20] Bei Vorstandsmitgliedern einer Aktiengesellschaft ist gemäß § 87 Abs. 3 AktG der entgangene Verdienst nur für höchstens zwei Jahre auszugleichen.
[21] *Berscheid,* Arbeitsverhältnisse, Rn. 603 m. weit. Nachw.

Aufwendungen und schuldhaft unterlassener anderweitiger Erwerb (§ 254 Abs. 2 S. 1 BGB) zu verrechnen.[22] Anzurechnen sind damit auch Sozialleistungen wie Arbeitslosengeld, Arbeitslosen- und Sozialhilfe.[23]

Umstritten ist die Schadensberechnung bei Arbeitsverhältnissen, die ordentlich unkündbar sind, in der Insolvenz aber kündbar werden. Hier entsteht der Schaden nicht durch eine zeitliche Vorverlegung der Kündigungswirkung, sondern dadurch, dass eine Kündigung überhaupt ermöglicht wird. Teilweise wird der Schaden nach §§ 9, 10 KSchG analog berechnet, weil nach diesen Vorschriften der Wert eines Arbeitsplatzes zu bestimmen sei.[24] § 113 Abs. 1 S. 3 InsO ordnet Schadensersatzleistungen „wegen der vorzeitigen Beendigung des Dienstverhältnisses" und nicht „wegen Verlustes des Arbeitsplatzes" an. Die grammatische Auslegung der Norm spricht daher gegen eine entsprechende Anwendung der §§ 9, 10 KSchG. Es ist vielmehr darauf abzustellen, zu welchem Zeitpunkt eine außerordentliche betriebsbedingte Kündigung unter Wahrung einer der fiktiven ordentlichen Kündigungsfrist entsprechenden Auslauffrist zulässig gewesen wäre. Mithin ist auch in diesem Fall der Schaden zu ersetzen, der dem Arbeitnehmer durch die frühzeitige Beendigung des Arbeitsverhältnisses entsteht.[25]

---

[22] *Caspers*, Personalabbau, Rn. 116; *Berscheid*, Arbeitsverhältnisse, Rn. 602.
[23] *Zwanziger*, Arbeitsrecht, § 113 Rn. 23.
[24] *Zwanziger*, Arbeitsrecht, § 113 Rn. 24.
[25] MünchKommInsO/*Löwisch/Caspers*, § 113 Rn. 32; *Berscheid*, ZInsO 1998, 159, 165.

Da der Schadensersatzanspruch nach § 113 Abs. 1 S. 3 InsO nicht als Masseforderung, sondern als bloße Insolvenzforderung im Sinne des § 38 InsO ausgestaltet ist, ist er in der Praxis allenfalls mit einer geringen Quote durchsetzbar. Die Schadensersatzpflicht hemmt daher den Personalabbau im Rahmen des Insolvenzverfahrens nicht. Das Insolvenzarbeitsrecht erleichtert dem Insolvenzverwalter eine Sanierung des Unternehmens. Dies zeigt sich auch an den Regelungen zur betriebsbedingten Kündigung.

3. Betriebsbedingte Kündigung
a) Arbeitsrecht

Den allgemeinen Kündigungsschutz gibt das Kündigungsschutzgesetz vor, das im Rahmen seiner Anwendbarkeit die Kündigungsfreiheit des Arbeitgebers beschränkt. Eine Kündigung ist unwirksam, wenn sie nicht im Sinne des § 1 KSchG sozial gerechtfertigt ist. Einen Rechtfertigungsgrund bilden dringende betriebliche Erfordernisse, die einer Weiterbeschäftigung des Arbeitnehmers in dem Betrieb entgegenstehen. Allein die Eröffnung eines Insolvenzverfahrens rechtfertigt keine betriebsbedingte Kündigung.[26] Dringende betriebliche Erfordernisse liegen erst dann vor, wenn der Insolvenzverwalter entsprechende Entscheidungen wie eine Rationalisierungsmaßnahme oder die Stilllegung unrentabler Betriebe oder Betriebsabteilungen trifft. Die Anerkennung einer betriebsbedingten Kündigung hängt gemäß § 1 KSchG im wesentlichen von vier Voraussetzungen ab. Neben der Existenz

---

[26] BAG ZIP 1983, 205.

einer Unternehmerentscheidung, aufgrund der der Arbeitnehmer nicht mehr vertragsgerecht eingesetzt werden kann, der Prognose des Wegfalls der Arbeitsmöglichkeit und der Anwendung des ultima ratio-Grund-satzes kommt es maßgeblich auf die zutreffende Sozialauswahl an:

(1) Innerbetriebliche (Rationalisierung, Outsourcing, Betriebsstilllegung, Rentabilitätssteigerung) oder außerbetriebliche (Umsatz-, Auftrags-, Absatz- oder Gewinnrückgang) Gründe bedingen eine unternehmerische Entscheidung (Konzept zur Revitalisierung des Unternehmens, bei dem nach § 2 SGB III verantwortungsvoll die Auswirkungen auf die Arbeitnehmer berücksichtigt werden sollen), aufgrund derer Arbeitnehmer nicht mehr vertragsgerecht eingesetzt werden können.

(2) Erforderlich und ausreichend ist die Prognose, dass die Beschäftigungsmöglichkeit wegfällt. Der Arbeitgeber muss nicht abwarten, bis die Arbeitsgelegenheit tatsächlich ausgeschlossen ist. Die betriebsbedingte Kündigung ist möglich, sobald aufgrund einer vernünftigen betriebswirtschaftlichen Betrachtung davon auszugehen ist, dass ein betrieblicher Grund die Beschäftigung eines Arbeitnehmers bis zum Ablauf der Kündigungsfrist entbehrlich macht.

(3) Dem Arbeitgeber darf es weiterhin nicht möglich sein, sein Personalkonzept anders als durch Kündigung umzusetzen. Die betriebsbedingte Kündigung muss das letzte Mittel (ultima ratio) sein, das heißt, der Abbau von Überstunden und von Leiharbeitsverhältnissen ist vorrangig. Der Arbeitgeber hat nach § 1 Abs. 2 S. 2 KSchG weiterhin zu

prüfen, ob eine Weiterbeschäftigungsmöglichkeit besteht. Bleibt nur die Kündigung, ist derjenige Arbeitnehmer zu bestimmen, der am wenigsten sozial schutzbedürftig ist.

(4) Die Sozialauswahl bezweckt die personelle Konkretisierung der zu kündigenden Person unter sozialen Gesichtspunkten. Sie ist in drei Schritten vorzunehmen:

(a) Zunächst sind die vergleichbaren Arbeitnehmer zu ermitteln, also diejenigen, die in die Sozialauswahl einzubeziehen sind.

Vergleichbar sind Arbeitnehmer, die gegeneinander austauschbar sind, das heißt, die nach ihrem Arbeitsvertrag zu gleichartigen und gleichwertigen Tätigkeiten verpflichtet sind (sog. horizontale Vergleichbarkeit). Gewisse Indizfunktionen haben die tarifliche Eingruppierung, die Berufsausbildung und die berufliche Erfahrung. Ein Routinevorsprung ist unerheblich, wenn er durch die übliche Einarbeitungszeit ausgeglichen werden kann.[27] Nicht in die Sozialauswahl einzubeziehen sind Arbeitnehmer, die im hierarchischen Gefüge des Betriebes eine niedriger oder höher zu bewertende Tätigkeit ausüben. Um einen Verdrängungswettbewerb nach unten oder nach oben zu verhindern, kommt es auf die sog. vertikale Vergleichbarkeit nicht an.[28]

(b) Aus der Gruppe der horizontal vergleichbaren Arbeitnehmer ist mittels sozialer Gesichtspunkte sodann derjenige zu ermitteln, der auf den Arbeitsplatz am wenigsten angewiesen ist.

---

[27] BAG AP Nr. 23 § 1 KSchG Soziale Auswahl; *Hueck/v. Hoyningen-Huene*, § 1 KSchG Rn. 451.
[28] Vgl. BAG NJW 1991, 587.

(c) Arbeitnehmer, die nach dem Ergebnis der Sozialauswahl zu kündigen wären, können weiterbeschäftigt werden, wenn berechtigte betriebliche Bedürfnisse ihre Weiterbeschäftigung bedingen und damit der Auswahl nach sozialen Gesichtspunkten entgegenstehen, § 1 Abs. 3 S. 2 KSchG.

Auf der zweiten Ebene hat also eine Berücksichtigung sozialer Kriterien zu erfolgen. Die weite Formulierung des Gesetzes lässt einen großen Spielraum, um unterschiedliche Aspekte einzubringen. Es besteht kein gesetzlicher Katalog, der zu berücksichtigenden Sozialdaten; Maßstab, Relation und Bewertung der Kriterien sind unklar. Alle diese Umstände führen zu Unsicherheiten in der Handhabung der betriebsbedingten Kündigung. Folge ist die mangelnde Vorhersehbarkeit der gerichtlichen Entscheidung. Die betriebsbedingte Kündigung wird deshalb nicht zu Unrecht als "Roulettespiel" bezeichnet.

Das BAG leitet aus § 10 Abs. 2 KSchG eine gewisse Priorität der Dauer des Arbeitsverhältnisses und des Alters ab. Weiterhin können Unterhaltspflichten von Bedeutung sein. Hinzu kommen - wobei die Gewichtung der Kriterien im einzelnen streitig ist - folgende Punkte: Familienstand; zusätzliche Einkünfte des Ehegatten (sogenannter Doppelverdienst), soweit diese Einkünfte auch künftig als relativ sicher gelten können, z. B. im Hinblick auf ein mögliches Arbeitsplatzrisiko; existenzsichernde Vermögensverhältnisse; Gesundheitszustand des Arbeitnehmers (schlechter Gesundheitszustand ist zugunsten des Arbeitnehmers zu berücksichtigen); Schwerbehinderteneigenschaft; Erkrankung oder Pflegebedürftigkeit von nahen Familienangehörigen;

arbeitsmarktpolitische Aspekte; Arbeitsmarktchancen; der Anspruch eines Arbeitnehmers auf Altersrente darf solange nicht zu seinen Ungunsten berücksichtigt werden, als er noch nicht das 65. Lebensjahr erreicht hat (§ 41 Abs. 4 S. 1 SGB VI). Nach Vollendung des 65. Lebensjahr ist der Anspruch des Arbeitnehmers auf Alters- und gegebenenfalls Betriebsrente ein wichtiger sozialer Auswahlgesichtspunkt. Eine kollektivrechtliche Verklammerung der sozialen Auswahl kann sich daraus ergeben, dass in Richtlinien über die personelle Auswahl nach § 95 BetrVG entsprechende Regelungen enthalten sind. Stützt der Betriebsrat einen frist- oder ordnungsgemäßen Widerspruch zu Recht darauf, dass der Arbeitgeber die soziale Auswahl entgegen den in den Auswahlrichtlinien festgelegten Grundsätzen vorgenommen hat, handelt es sich hierbei um einen absoluten Unwirksamkeitsgrund der Kündigung im Sinne des § 1 Abs. 2 S. 2 Nr. 1a KSchG. Fehlt es dagegen an einem frist- und ordnungsgemäßen Widerspruch des Betriebsrats, so genügt der objektive Verstoß gegen die Auswahlrichtlinien um die Unwirksamkeit der Kündigung zu begründen.

Für den Arbeitgeber ist eine betriebsbedingte Kündigung überdies aufgrund der Verteilung der Beweislast mit Prozessrisiken behaftet. Die tatsächlichen Grundlagen der Unternehmerentscheidung (also die inner- oder außerbetrieblichen Gründe), der Wegfall der Arbeitsstelle und das Fehlen anderweitiger Beschäftigungsmöglichkeiten sind nach § 1 Abs. 2 S. 4 KSchG vom Arbeitgeber zu beweisen, wenn er verhindern will, dass die Anwendung der negativen Grundregel der Beweislast dazu führt, dass die Nichtverwirklichung der entsprechenden Tatsachen fingiert wird. Für die Tatsachen, die sich auf die Sozialauswahl beziehen, bringt § 1 Abs. 3 S. 3 KSchG Erleichterungen. Hier ist es Sache des Arbeitnehmers, eine fehlerhafte Sozialauswahl nachzuweisen.

Kennt der Arbeitnehmer die Einzelheiten der Sozialauswahl (Zahl und Namen der vergleichbaren Arbeitnehmer sowie deren Sozialdaten), hat er die Fehlerhaftigkeit der Sozialauswahl im Einzelnen zu belegen, insbesondere einen weniger schutzbedürftigen Arbeitnehmer zu benennen.

Kennt der Arbeitnehmer die Umstände der Sozialauswahl nicht, hat der Arbeitgeber nach § 1 Abs. 3 S. 1 Halbs. 2 KSchG auf Verlangen des Arbeitnehmers die Sozialauswahl (Kreis vergleichbarer Arbeitnehmer, Sozialdaten der verbliebenen Arbeitnehmer, Gründe für die Herausnahme an sich vergleichbarer Arbeitnehmer) darzulegen. Kommt der Arbeitgeber dem nach, ist es nach § 1 Abs. 3 S. 3 KSchG Sache des Arbeitnehmers, die Sozialwidrigkeit der Auswahl nachzuweisen.

b) Insolvenzarbeitsrecht

Im Falle der Insolvenz wird der Insolvenzverwalter regelmäßig versuchen, betriebsbedingte Kündigungen auszusprechen, um den Personalbestand zu reduzieren. § 125 InsO bringt eine Vereinfachung des Kündigungsschutzverfahrens bei betriebsbedingten Kündigungsgründen. Unter bestimmten Voraussetzungen wird die Überprüfung der Wirksamkeit von Kündigungen verkürzt. Die Beschränkung des Kündigungsschutzes hängt von vier Voraussetzungen ab, einer geplanten Betriebsänderung, einem Interessenausgleich, einer namentlichen Bezeichnung der Arbeitnehmer sowie einem sachlichen und zeitlichen Zusammenhang vorgenannter Merkmale.

aa) Geplante Betriebsänderung: Der Verweis auf § 111 BetrVG in § 125 Abs. 1 InsO zeigt, dass der Begriff der Betriebsänderung mit dem des Betriebsverfassungsgesetzes identisch ist. Als Betriebsänderung gelten somit die in § 111 S. 3 BetrVG aufgezählten Ereignisse, also Einschränkung, Stilllegung (Nr. 1) oder Verlegung (Nr. 2) des ganzen Betriebs oder von wesentlichen Betriebsteilen, der Zusammenschluss oder die Spaltung (Nr. 3), grundlegende Änderungen der Betriebsorganisation, des Betriebszwecks oder der Betriebsanlagen (Nr. 4) und die Einführung grundlegend neuer Arbeitsmethoden und Fertigungsverfahren. In der Diskussion darüber, ob die Aufzählung in § 111 S. 3 BetrVG abschließend ist, sprechen grammatische sowie teleologische Auslegung für einen offenen Tatbestand. Denn der Wendung „gelten" ist zu entnehmen, dass neben den ausdrücklich genannten Fallgruppen einer Betriebsänderung ein allgemeiner Tatbestand bestehen muss, weil eine Gleichstellung methodisch einen Ausgangstatbestand erfordert.[29] Außerdem würde es dem Sinn und Zweck der Norm widersprechen, Interessenausgleich und Sozialplan entfallen zu lassen, wenn Maßnahmen wesentliche Nachteile für die Belegschaft bewirken können, gleichzeitig aber kein Fall des § 111 S. 3 Nr. 1-5 BetrVG besteht. Infolgedessen wird auch der reine Personalabbau als

---

[29] Eingehend GK-BetrVG/*Fabricius*, § 111 BetrVG Rn. 95 ff. m. weit. Nachw.

Betriebsänderung behandelt, wenn eine erhebliche Personalreduzierung erfolgt.[30]

Die Betriebsänderung muss geplant, also noch bevorstehend sein. Daher ist es ausreichend, wenn eine Betriebsänderung noch nicht endgültig durchgeführt ist. Sie muss nicht vom Insolvenzverwalter geplant sein. Es kann sich auch um eine vom Schuldner geplante oder begonnene Betriebsänderung handeln.

Durch die Verweisung auf § 111 BetrVG in § 125 Abs. 1 S. 1 InsO wird auch die Mindestzahl von „in der Regel mehr als zwanzig wahlberechtigten Arbeitnehmern" in Bezug genommen. In Unternehmen unterhalb dieser Arbeitnehmerzahl ist es dem Insolvenzverwalter verwehrt, einen freiwilligen besonderen Interessenausgleich mit namentlicher Bezeichnung der zu kündigenden Arbeitnehmer abzuschließen. Da die mindestens 21 wahlberechtigten (§ 7 BetrVG) Arbeitnehmer lediglich regelmäßig im Unternehmen beschäftigt sein müssen, kommt es nicht auf einen bestimmten Tag an, sondern darauf, welche Belegschaft für das Unternehmen im allgemeinen kennzeichnend ist. Ist bei einem Betrieb in der wirtschaftlichen Krise während des letzten Jahres Personal bis auf weniger als 21 Arbeitnehmer abgebaut worden und soll vom Insolvenzverwalter nochmals Beschäftigten gekündigt werden, bleibt § 111 BetrVG und damit auch § 125 Abs. 1 InsO anwendbar. Die charakteristische Belegschaftsstärke vor dem Personalabbau liegt hier bei mehr als 20 Arbeitnehmern. Die Arbeitnehmereigenschaft ist in diesem Zusammenhang nach § 5 BetrVG zu bestimmen.

---

30 Die Rechtsprechung stellt auf die Vorgaben in § 17 Abs. 1 KSchG ab.

Die in § 5 Abs. 2 BetrVG aufgezählten Personengruppen und die leitenden Angestellten (§ 5 Abs. 3 BetrVG) sind danach nicht mitzuzählen. Befristet und Teilzeitbeschäftigte sowie wegen Mutterschutz oder Elternzeit Abwesende sind hingegen zu berücksichtigen.

bb) Interessenausgleich: Bei einem Interessenausgleich handelt es sich um einen schriftlichen Vertrag zwischen Arbeitgeber und Betriebsrat über eine zukünftige Betriebsänderung. Gegenstand dieser Abrede ist, ob, wann und in welcher Weise die Betriebsänderung durchgeführt wird. Der Interessenausgleich dient dazu, die teilweise gegenläufigen Interessen von Arbeitgeber und Betriebsrat in Einklang zu bringen, so dass zum einen Nachteile für die Arbeitnehmer vermieden oder gemildert werden und es zum anderen nicht zu einer nachhaltigen Beeinträchtigung der wirtschaftlichen Belange des Unternehmens kommt. § 122 Abs. 1 InsO unterscheidet zwischen einem Interessenausgleich nach § 112 BetrVG und einem nach § 125 InsO. Folglich ist streitig, ob der Interessenausgleich nach § 125 InsO ein solcher eigener Art ist.[31] Die Formulierung in § 125 Abs. 1 InsO spricht für einen Interessenausgleich sui generis. Das Verfahren über das Zustandekommen des Interessenausgleichs nach § 112 BetrVG ist grundsätzlich jedenfalls auch bei § 125 InsO anzuwenden. Der in § 112 Abs. 2 S. 1 BetrVG vorgesehene Vermittlungsversuch des Präsidenten des Landesarbeitsamtes ist durch § 121 InsO dahingehend modifiziert, dass

---

[31] Dafür Erfurter-Kommentar/*Ascheid*, § 125 InsO Rn. 2; *Warrikoff*, BB 1994, 2338, 2341; *Lohkemper*, KTS 1996, 1, 20; *Schrader*, NZA 1997, 70, 73; dagegen *Kübler/Prütting/Moll*, § 125 Rn. 20; *Lakies*, RdA 1997, 145, 149 f.; *Hohenstatt*, NZA 1998, 846, 853; vermittelnd *Nerlich/Römermann/Hamacher*, § 125 Rn. 14.

dieser Versuch nur dann stattfindet, wenn Betriebsrat und Insolvenzverwalter um eine Vermittlung ersuchen. Der Interessenausgleich ist nicht erzwingbar. Die Einschaltung der Einigungsstelle ist nach § 112 Abs. 3 BetrVG möglich. Sie kann aber lediglich eine Einigung zwischen Insolvenzverwalter einerseits und Betriebsrat andererseits vermitteln, nicht jedoch deren Einigung durch bindenden Spruch ersetzen.

cc) Namentliche Bezeichnung der Arbeitnehmer: Der betroffene Arbeitnehmer muss hinreichend bestimmt sein. Bei Verwechselungsgefahr ist neben Vor- und Nachnamen ein weiterer Umstand, zum Beispiel das Geburtsdatum anzugeben. Das Erfordernis namentlicher Benennung schließt es aus, eine Negativliste anstelle der Positivliste genügen zu lassen.[32] Streitig ist, ob das auch dann gilt, wenn ein Betrieb insgesamt stillgelegt, das heißt kein Arbeitsplatz beibehalten wird.[33] Der Wortlaut des § 125 Abs. 1 InsO spricht für eine namentliche Nennung auch bei einer Betriebsstilllegung; die Arbeitnehmer müssen einzeln genau feststellbar sein. § 125 Abs. 1 S. 1 InsO ist auch bei der Stilllegung eines ganzen Betriebes bedeutsam. Auf eine Sozialauswahl kommt es in einem solchen Fall zwar nicht an, es bleibt aber die Vermutung der Existenz dringender betrieblicher Erfordernisse (Stilllegungssachverhalt, Weiterbeschäftigungsmöglichkeit in anderen Betrieben des Unternehmens).

---

[32] *Oetker/Friese*, DZWir 2001, 177, 179; a.A. ArbG Essen DB 1998, 925.
[33] Für Positivliste auch in diesem Fall *Zwanziger*, Arbeitsrecht, § 125 Rn. 12; dagegen *Kübler/Prütting/Moll*, § 125 Rn. 26 f.

Neben der namentlichen Aufzählung der zu kündigenden Arbeitnehmer ist anzugeben, um welche Kündigungsart (Änderungs- oder Beendigungskündigung) es sich handelt, sofern sowohl Beendigungskündigungen als auch Änderungskündigungen beabsichtigt sind. Bei der Änderungskündigung sind die zu ändernde Vertragsregelung und die angestrebte Vertragsbedingung zu erwähnen. Die Angabe der zur Kündigung vorgesehenen Arbeitnehmer unterliegt dem Schriftformerfordernis des § 112 Abs. 1 S. 1 BetrVG i.V.m. § 126 BGB. Dem Schriftformerfordernis kann auf verschiedene Weise Rechnung getragen werden. Zum einen ist möglich, dass sich die Namensliste innerhalb des Textes des Interessenausgleichs selbst befindet, den die Betriebspartner am Ende unterzeichnet haben. Zum anderen ist denkbar, dass eine Anlage zu den unterschriebenen Texten besteht, die ihrerseits unterschrieben sein kann oder auch nicht; entscheidend in diesem Fall ist, dass sie mit dem unterschriebenen Text als einheitliche Urkunde gestaltet ist. Eine bloße Bezugnahme auf eine ihrerseits nicht unterschriebene Namensliste reicht nicht aus. Die Namensliste muss so mit dem unterschriebenen Text verbunden sein, dass sich die Gesamtheit als einheitliche Urkunde darstellt und als Sinneinheit und Sinnzusammenhang aufgrund der Verbindung erkennbar ist, die endgültig und dauerhaft gewollt und hergestellt ist (Beispiel: Anleimen, Fadenheftung, Heftmaschine).[34]

---

[34] Vgl. BAG NZA 1998, 1110; *Eisenbeis/Mues*, Arbeitsrecht, Rn. 622; *Kübler/ Prütting/Moll*, § 125 Rn. 32.

Von großer praktischer Bedeutung ist die Frage, ob die Zustimmung des Betriebsrats zur Namensliste die Anhörung gemäß § 102 Abs. 1 BetrVG mit umfasst. Die Meinungen zu dieser Frage sind in Literatur und Rechtsprechung geteilt.[35] Aufgrund der derzeitigen Unsicherheit spricht viel dafür, die Anhörung nach § 102 Abs. 1 BetrVG in die Verhandlungen über den Interessenausgleich aufzunehmen oder im Zusammenhang mit diesem durchzuführen.

dd) Sachlicher und zeitlicher Zusammenhang: Zwischen der Betriebsänderung, dem Interessenausgleich mit Namensliste und der Kündigung muss ein sachlicher und zeitlicher Zusammenhang bestehen. Zum einen muss die betriebsbedingte Kündigung aufgrund der Betriebsänderung erfolgen. Diesem sachlichen Zusammenhang entspricht ein zeitlicher. Der Interessenausgleich muss der Kündigung vorausgehen. Der Gesetzeswortlaut legt diese Zeitabfolge nahe, weil er davon ausgeht, dass eine Betriebsänderung "geplant" ist und sich im Hinblick darauf ein Interessenausgleich ergibt, in dem festgelegt wird, welchen Arbeitnehmern gekündigt werden soll. Eine Nachholung des Interessenausgleichs, nachdem die Kündigungen ausgesprochen sind, ist damit nicht vereinbar. Eine derartige Nachholungsmöglichkeit würde auch dem Gesetzeszweck widersprechen. Betriebsrat und Insolvenzverwalter wird die Gestaltung der Betriebsänderung unter Abwägung aller Gesichtspunkte mit der Privilegierung der getroffenen

---

[35] Teilweise wird angenommen, dass ein Interessenausgleich mit Namensliste die Anhörung vollständig ersetzt, teilweise wird eine Vermutungswirkung vertreten oder jegliche Auswirkung auf die Anhörung verneint. Zahlreiche Nachweise bei *Kübler/Prütting/Moll*, § 125 Rn. 80 ff.

Regelung im Kündigungsschutzprozess überantwortet. Dem entspricht es nicht, wenn anstatt die künftige Rechtslage zu gestalten, die Betriebspartner lediglich einen eingetretenen Zustand legitimieren.[36] Ob im Interessenausgleich die Kriterien der Sozialauswahl anzuführen sind, wird unterschiedlich beurteilt.[37] Nach dem Wortlaut des § 125 Abs. 1 InsO ist es nicht erforderlich, die Sozialauswahlkriterien niederzulegen.

Sind die Voraussetzungen des § 125 InsO erfüllt, bringt die Norm eine Einschränkung des Kündigungsschutzes mit sich und erleichtert die zügige Durchführung von Rationalisierungsmaßnahmen aufgrund folgender Regelungen:

(a) Vermutung nach § 125 Abs. 1 S. 1 Nr. 1 InsO
Da die Eröffnung des Insolvenzverfahrens im Grundsatz ohne Einfluss auf die Anwendbarkeit des Kündigungsschutzgesetzes ist, hat der Insolvenzverwalter nach § 1 Abs. 2 S. 4 KSchG die Tatsachen zu beweisen, welche die Kündigung bedingen. Die Regelung des § 125 Abs. 1 S. 1 Nr. 1 InsO enthält eine gesetzliche Vermutung für den Individualprozess zwischen Insolvenzverwalter und Arbeitnehmer und bringt im Verhältnis zu § 1 Abs. 2 S. 4 KSchG für die Arbeitgeberseite bedeutende Erleichterungen. Zugunsten der Arbeitgeberseite wird vermutet, dass die Kündigung der namentlich bezeichneten Arbeitnehmer

---

36 *Kübler/Prütting/Moll*, § 125 Rn. 34.
37 Dafür *Smid/R. Müller*, § 125 Rn. 4; *Berscheid*, MDR 1998, 942, 945; dagegen MünchKommInsO/*Löwisch/Caspers*, § 125 Rn. 71; *Zwanziger*, Arbeitsrecht, § 125 Rn. 13.

durch dringende betriebliche Erfordernisse bedingt ist, die einer Weiterbeschäftigung an sich oder einer Weiterbeschäftigung mit unveränderten Arbeitsbedingungen entgegenstehen. Die Vermutung bezieht sich sowohl auf den Wegfall der bisherigen als auch auf das Fehlen einer anderweitigen Beschäftigungsmöglichkeit in dem Betrieb, dem der gekündigte Arbeitnehmer angehört. Die Vermutung erfasst nach dem Wortlaut des § 125 Abs. 1 S. 1 Nr. 1 InsO daher nicht die Weiterbeschäftigung in einem anderen Betrieb des insolventen Unternehmens.[38] Die Vermutung bezieht sich ebenfalls nicht auf die Sozialauswahl. Insoweit bleibt es bei den Grundsätzen der abgestuften Darlegungs- und Beweislast, wobei im Insolvenzverfahren nach § 125 Abs. 1 S. 1 Nr. 2 InsO der Maßstab der groben Fehlerhaftigkeit anzulegen ist.

§ 125 Abs. 1 S. 1 Nr. 1 InsO beschreibt eine gesetzliche Vermutung (praesumtiones iuris). Es handelt sich um einen Fall des § 292 S. 1 ZPO i.V.m. § 46 Abs. 2 S. 1 ArbGG, § 495 ZPO, das heißt, die Vermutung kann vom Arbeitnehmer widerlegt werden. Dabei ist nicht von einem Gegenbeweis zu sprechen, der darauf abzielt, die Überzeugung des Gerichts von bestimmten Tatsachen zu erschüttern. Vielmehr handelt es sich um einen Beweis des Gegenteils, der Hauptbeweis ist. Der Arbeitnehmer hat zur Überzeugung des Gerichts im Sinne des § 286 Abs. 1 ZPO entsprechende Tatsachen nachzuweisen. Bei einer Beendigungskündigung muss der Arbeitnehmer beweisen, dass

---

[38] *Fischermeier*, NZA 1997, 1089, 1096 f.; *Preis*, DB 1998, 1614, 1616; a.A. wohl MünchKommInsO/*Löwisch/Caspers*, § 125 Rn. 77.

der Arbeitsplatz trotz Betriebsänderung nicht weggefallen ist oder im Betrieb eine anderweitige Beschäftigungsmöglichkeit besteht. Bei einer Änderungskündigung ist vom Arbeitnehmer zu beweisen, welche Beschäftigungsmöglichkeit vorhanden ist, die die Änderung der Arbeitsbedingungen überflüssig macht.

§ 125 Abs. 1 S. 1 Nr. 1 InsO ändert an den materiellrechtlichen Voraussetzungen einer betriebsbedingten Kündigung zwar nichts, bringt durch die Beweislastregelung aber dem Arbeitgeber eine erhebliche Erleichterung im Kündigungsschutzprozess. Anders als im Arbeitsrecht ist es nun nicht mehr Sache des Arbeitgebers, die dringenden betrieblichen Erfordernisse zu beweisen, sondern Sache des Arbeitnehmers, die Nicht-Existenz derartiger Umstände zu belegen.

(b) Privilegierung nach § 125 Abs. 1 S. 1 Nr. 2 InsO

Eine weitere Privilegierung der betriebsbedingten Kündigung im Insolvenzverfahren bringt § 125 Abs. 1 S. 1 Nr. 2 InsO. Die Vorschrift enthält materiellrechtliche Vorgaben. Nach dem ersten Halbsatz der Nummer 2 kann die soziale Auswahl im Individualprozess nur auf die Kriterien Betriebszugehörigkeit, Lebensalter und Unterhaltspflichten und auch insoweit lediglich auf grobe Fehlerhaftigkeit überprüft werden.

Der Gesetzeswortlaut („nur") und die Gesetzesmaterialien sprechen dafür, dass es dem Arbeitgeber nicht gestattet ist, weitere Kriterien heranzuziehen. Teilweise wird daher die Aufzählung in § 125 Abs. 1 S. 1 Nr. 2 InsO als abschließend eingestuft. Ein Rückgriff auf weitere

Gesichtspunkte wird abgelehnt, weil ansonsten der Zweck der Regelung, die Sozialauswahl für den Insolvenzverwalter zu vereinfachen, vereitelt würde.[39] Die angemessene Berücksichtigung der drei Kriterien schließt es aber nicht aus, dass der Arbeitgeber auch andere Umstände einbezieht. Entscheidend ist allein, ob der Arbeitgeber die drei genannten Gesichtspunkte angemessen berücksichtigt. § 125 Abs. 1 S. 1 Nr. 2 InsO zielt nach seinem Sinn und Zweck darauf, dem Insolvenzverwalter die Sozialauswahl zu erleichtern, indem die Norm es genügen lässt, wenn die Sozialauswahl anhand der Dauer der Betriebszugehörigkeit, dem Lebensalter und der Unterhaltspflichten durchgeführt wird.

Der Insolvenzverwalter kann sich auf diese Kriterien beschränken, muss es aber nicht. Werden diese Umstände in erheblichem und ausgewogenem Maß berücksichtigt, können andere soziale Gesichtspunkte in die Auswahl der zu kündigenden Arbeitnehmer einfließen. Diese Interpretation führt zu praxisgerechten Ergebnissen. Denn in dem Fall, dass bei der Sozialauswahl mehrere Arbeitnehmer nach den Kriterien des § 125 Abs. 1 S. 1 Nr. 2 InsO nicht eindeutig voneinander abgegrenzt werden können, ist es erforderlich, weitere soziale Gesichtspunkte wie eine Berufskrankheit, Arbeitsunfälle oder die Aussichten des Arbeitnehmers auf dem Arbeitsmarkt ergänzend heranzuziehen.[40] Eine mögliche Vorgehensweise liegt darin, die soziale Auswahl anhand eines Punkteschemas durchzuführen. Bei der Punktezuordnung

---

[39] *Zwanziger*, Arbeitsrecht, § 125 Rn. 25, 27.
[40] MünchKommInsO/*Löwisch/Caspers*, § 125 Rn. 84; MünchArbR/*Berkowsky*, § 133 Rn. 34; *Berscheid*, Arbeitsverhältnisse, Rn. 639 („Grund- oder Kerndaten").

ist darauf zu achten, dass die Kriterien Dauer der Betriebszugehörigkeit, Lebensalter und Unterhaltspflichten annähernd gleiches Gewicht beigemessen wird.[41]

Die grundsätzliche Beschränkung der Auswahlkriterien mittels § 125 Abs. 1 S. 1 Nr. 2 InsO bringt mehr Rechtssicherheit und erleichtert im Vergleich zu § 1 Abs. 3 S. 1 KSchG betriebsbedingte Kündigungen. Der Maßstab der groben Fehlerhaftigkeit reduziert die Überprüfungsmöglichkeit der Sozialauswahl durch die Arbeitsgerichte und verringert auf diese Weise die Chancen im Kündigungsschutzprozess für den Arbeitnehmer. Der Kündigungsschutzprozess ist durch den Arbeitnehmer nur dann zu gewinnen, wenn ein ins Auge springender, schwerer Fehler festzustellen ist, die Gewichtung der Kriterien jegliche Ausgewogenheit vermissen lässt oder ein Verstoß offenkundig ist.[42] Davon ist zum Beispiel auszugehen, wenn eines der drei Auswahlkriterien nicht berücksichtigt wurde.

Der Bezugsgegenstand des Maßstabs der groben Fehlerhaftigkeit ist umstritten. Teilweise wird vertreten, dass der Maßstab der groben Fehlerhaftigkeit nur auf den in Nummer 2 stehenden Abwägungsvorgang im Hinblick auf die drei Kriterien für die Sozialauswahl anzuwenden sei, die Frage nach dem Kreis der vergleichbaren Arbeitnehmer und den Gesichtspunkt der Weiterbeschäftigung von Arbeitnehmern im berechtigten betrieblichen Interesse der Nummer 1 aber nicht berühre. Überwiegend geht man allerdings davon aus, dass der Maß-

---

[41] Beispiele bei *Berscheid*, Arbeitsverhältnisse, Rn. 643 ff.
[42] Vgl. *Nerlich/Römermann/Hamacher*, § 125 Rn. 47; MünchKommInsO/*Löwisch/ Caspers*, § 125 Rn. 90; *Eisenbeis/Mues*, Arbeitsrecht, Rn. 629.

stab der groben Fehlerhaftigkeit nicht nur auf die Anwendung der drei gesetzlich festgelegten Auswahlkriterien anzuwenden sei, sondern den gesamten Sozialauswahlprozess mit allen drei Prüfungsschritten betreffe.[43] Für die enge Sicht sprechen zwar der Wortlaut und die Anordnung in zwei getrennten Nummern, die weite Sicht kann sich dafür aber auf den Sinn und Zweck der Regelung berufen. Der in der Beschleunigung und der Vereinfachung von Kündigungsschutzverfahren liegende Gesetzeszweck der Insolvenzordnung spricht für die Erfassung aller Prüfungsschritte der Sozialauswahl. Legt man die weite Interpretation zugrunde, bringt § 125 Abs. 1 S. 1 Nr. 2 InsO eine umfassende Privilegierung der vom Arbeitgeber ausgesprochenen Kündigung mit sich.[44] Die Sozialauswahl ist beispielsweise dann nicht grob fehlerhaft, wenn die Gewichtung der Sozialkriterien nicht völlig unausgewogen ist.

Hinzu kommt eine weitere materiellrechtliche Erleichterung der betriebsbedingten Kündigung. § 125 Abs. 1 S. 1 Nr. 2 Halbs. 2 InsO erkennt die Erhaltung oder Schaffung einer ausgewogenen Personalstruktur bei der Überprüfung der Sozialauswahl an, so dass die Sozialauswahl nicht deshalb als grob fehlerhaft angesehen werden kann, weil diesem Gesichtspunkt Rechnung getragen wird. Systematisch

---

[43] Für eine Beschränkung auf die Anwendung des Kriterienkataloges *Moll*, MDR 1997, 1038, 1039; *Preis*, NJW 1996, 3369, 3372; *Stahlhacke/Preis*, WiB 1996, 1025, 1032; *Zwanziger*, Arbeitsrecht, § 125 Rn. 21; *ders.*, DB 1997, 2174; für eine weite Interpretation *Hohenstatt*, NZA 1998, 846, 852; *Löwisch*, RdA 1997, 80 f.; *Eisenbeis/Mues*, Arbeitsrecht, Rn. 632; *Neef*, NZA 1997, 65, 69; *Schiefer*, NZA 1997, 915, 917; BAG DB 1998, 1768 (Anwendung des Maßstabs der groben Fehlerhaftigkeit auf die Festlegung des auswahlrelevanten Kreises der Arbeitnehmer); LAG Köln DB 1997, 2181 f.

[44] Näher *Kübler/Prütting/Moll*, § 125 Rn. 63 f.

handelt es sich um ein berechtigtes betriebliches Interesse im Sinne des § 1 Abs. 3 S. 2 KSchG.

Die Befugnis zur Schaffung einer ausgewogenen Personalstruktur bringt dem Arbeitgeber Vorteile. Der Insolvenzverwalter wird dadurch in die Lage versetzt, frühere Versäumnisse der Personalentwicklung zu heilen. Der Insolvenzverwalter kann über dieses Korrektiv dem (zu sanierenden) Unternehmen eine funktions- und wettbewerbsfähige Belegschaft erhalten. Bei Rationalisierungsmaßnahmen kommt es häufig zu Organisationsänderungen, die zu Einsparungen von Hierarchieebenen führen. Beispielsweise kann sich durch den Wegfall einer Abteilungsleiterebene die Personalstruktur schwerwiegend ändern.

Unter Personalstruktur wird regelmäßig die Altersstruktur verstanden. Die Erhaltung oder Schaffung einer ausgewogenen Personalstruktur darf allerdings nicht zu Lasten allein einer Altersgruppe gehen. Dies könnte unter Umständen gegen § 75 Abs. 1 BetrVG und den Gleichbehandlungsgrundsatz verstoßen. Erlaubt ist die stärkere Berücksichtigung einer Altersgruppe, so dass in der Regel eine altersgruppenbezogene Sozialauswahl stattfindet. Daneben kommen als Kriterien Leistungsaspekte, Qualifikationen, Schwerbehindertenquote und Teilzeitbeschäftigungsanteil in Betracht. Über die Justiziabilität gehen die Meinungen auseinander. Teilweise wird volle Nachprüfbarkeit der Entscheidung über die Personalstruktur vertreten, teilweise auf grobe

Fehlerhaftigkeit abgestellt.[45] Richtig ist es wohl, die Entscheidung über die Personalstruktur als Bestandteil der sogenannten freien Unternehmerentscheidung zu interpretieren und sie deshalb nur daraufhin gerichtlich zu überprüfen, ob sie offenbar unsachlich, unvernünftig oder willkürlich ist.

Nach § 125 Abs. 1 S. 2 InsO entfallen die Wirkungen des § 125 Abs. 1 S. 1 InsO, soweit sich die Sachlage nach Zustandekommen des Interessenausgleichs wesentlich geändert hat. Wesentlich ist eine Änderung der Umstände, wenn ein Betriebspartner den Interessenausgleich unter diesen Gegebenheiten nicht oder nur mit anderem Inhalt abgeschlossen hätte.[46] Dies ist anzunehmen, wenn sich die Zahl der notwendigen Kündigungen vermindert oder sich die Zahl der vergleichbaren Arbeitnehmer durch Neueinstellungen erweitert. Der Ausschluss des § 125 Abs. 1 S. 1 InsO gilt jedenfalls dann, wenn die Kündigungen erst nach Eintritt der geänderten Sachlage ausgesprochen werden. In einem derartigen Fall wird also weder die Betriebsbedingtheit der Kündigung nach § 125 Abs. 1 S. 1 Nr. 1 InsO vermutet, noch gilt im Sinne des § 125 Abs. 1 S. 1 Nr. 2 InsO bei der Sozialauswahl ein abweichender Beurteilungsmaßstab; die Rechtmäßigkeit von Kündigungen ist allein anhand § 1 KSchG zu prüfen.

Auseinander gehen die Einschätzungen bei Kündigungen, die zum Zeitpunkt der wesentlichen Änderung der Umstände bereits zugegangen waren. Teilweise werden die Änderungen bis zum Schluss der

---

[45] Siehe dazu *Zwanziger*, Arbeitsrecht, § 125 Rn. 37; *Warrikoff*, BB 1994, 2338; *Schrader*, NZA 1997, 70, 74 f.
[46] *Bader*, NZA 1996, 1125, 1133; *Eisenbeis/Mues*, Arbeitsrecht, Rn. 655.

mündlichen Verhandlung im Kündigungsschutzprozess berücksichtigt,[47] teilweise werden die Privilegien des § 125 Abs. 1 S. 1 InsO uneingeschränkt angewendet.[48] Letztere Auffassung überzeugt. Wie allgemein im Arbeitsrecht ist die Wirksamkeit einer Kündigung nach den Umständen zum Zeitpunkt des Zugangs der Kündigung zu beurteilen.[49] Es bleibt in diesen Fällen bei der Anwendung der Nummern 1 und 2 des § 125 Abs. 1 S. 1 InsO. Ist der Kündigungsschutzprozess nicht erfolgreich, kommt hier ein Wiedereinstellungsanspruch in Betracht, sofern die Änderung der Sachlage vor Ablauf der Kündigungsfrist erfolgt ist.[50] Das BAG geht nämlich davon aus, dass ein Arbeitnehmer keinen Wiedereinstellungsanspruch hat, wenn eine betriebsbedingte Kündigung sozial gerechtfertigt ist und eine anderweitige Beschäftigungsmöglichkeit erst nach Ablauf der Kündigungsfrist entsteht.

Zusammenfassend lässt sich sagen, dass § 125 Abs. 1 InsO die betriebsbedingte Kündigung im Vergleich zur allgemeinen Regelung in § 1 KSchG erheblich erleichtert. § 125 Abs. 1 InsO vereinfacht den Personalabbau und auf diese Weise die Sanierung eines Betriebes in der wirtschaftlichen Krise.

---

[47] *Schrader*, NZA 1997, 70, 75; *Zwanziger*, BB 1997, 626, 628.
[48] *Caspers*, Personalabbau, Rn. 209 ff.; *Kübler/Prütting/Moll*, § 125 Rn. 72 ff.; *Löwisch*, RdA 1997, 80, 82; *Schiefer*, NZA 1997, 915, 918.
[49] BAG EzA § 1 KSchG Personenbedingte Kündigung Nr. 11; *Hueck/v. Hoyningen-Huene*, § 1 KSchG Rn. 156.
[50] Vgl. BAG NZA 1997, 251; NZA 1998, 254 f.

4. Fristgerechte Klageerhebung
a) Arbeitsrecht
Will ein Arbeitnehmer eine ordentliche Kündigung wegen Sozialwidrigkeit nicht hinnehmen, hat er gemäß § 4 S. 1 KSchG innerhalb von drei Wochen nach Zugang der Kündigung Klage beim Arbeitsgericht auf Feststellung zu erheben, dass das Arbeitsverhältnis nicht aufgelöst ist. Wird die Klage nicht rechtzeitig erhoben, wird der Mangel der Sozialwidrigkeit einer Kündigung geheilt; die Kündigung gilt gemäß § 7 KSchG als von Anfang an wirksam. §§ 4, 7 KSchG beziehen sich nur auf die Sozialwidrigkeit der Kündigung. Ungeachtet der Dreiwochenfrist kann der Arbeitnehmer aus anderen Gründen Klage auf Unwirksamkeit der Kündigung erheben. Als sonstige Gründe kommen beispielsweise ein Betriebsübergang (§ 613a BGB) oder Mutterschutz (§ 9 MuSchG) in Frage.

b) Insolvenzarbeitsrecht
§ 113 Abs. 2 S. 1 InsO nimmt dem Arbeitnehmer die Möglichkeit, trotz Ablauf einer Dreiwochenfrist die Unwirksamkeit aus anderen Gründen als der Sozialwidrigkeit geltend zu machen. Unabhängig davon, ob der Anwendungsbereich des KSchG eröffnet ist, sind im Insolvenzverfahren sämtliche Einwände gegen die Kündigung innerhalb von drei Wochen gerichtlich geltend zu machen. Die Norm bringt somit im Vergleich zum Arbeitsrecht eine erhebliche Erschwerung für den Arbeitnehmer bei der Verfolgung seiner Rechte.

5. Kündigung von Betriebsvereinbarungen
a) Arbeitsrecht

Betriebsvereinbarungen sind nach § 77 BetrVG privatrechtliche Verträge, die für einen Betrieb zwischen Arbeitgeber und Betriebsrat schriftlich abgeschlossen werden. Abgesehen von dem in § 77 Abs. 3 BetrVG ausgenommenen Bereich können sie sich grundsätzlich mit sämtlichen Arbeitsbedingungen ebenso wie mit betrieblichen und betriebsverfassungsrechtlichen Fragen befassen. Die Betriebspartner haben eine umfassende Regelungskompetenz. Gegenstand der Betriebsvereinbarung kann insbesondere alles sein, was Inhalt des Arbeitsvertrages sein kann. Dies gilt gemäß § 77 Abs. 3 BetrVG jedoch nicht für Arbeitsentgelte und sonstige Arbeitsbedingungen, die durch Tarifvertrag geregelt sind oder üblicherweise geregelt werden. Betriebsvereinbarungen gelten nach § 77 Abs. 4 S. 1 BetrVG für die Arbeitsverhältnisse der im Betrieb beschäftigten Arbeitnehmer unmittelbar und zwingend. Ihre Regelungen erfassen alle Einzelarbeitsverhältnisse des Betriebes, ohne dass es einer Umsetzung bedarf, auf die Kenntnis oder den Willen der Parteien der Arbeitsverhältnisse ankommt. Abweichende einzelvertragliche Abmachungen sind unwirksam, es sei denn, die Anwendung des Günstigkeitsprinzips führt zu einem abweichenden Ergebnis.[51] Die Betriebsvereinbarung ist daher das praktisch wichtigste Instrument zur innerbetrieblichen Normsetzung. Für die Betriebspartner stellt sie das klassische Mittel dar, um im Rahmen be-

---

[51] Zu Einzelheiten, insbesondere zur Unterscheidung von umstrukturierenden und verschlechternden Betriebsvereinbarungen, BAG GS, AP Nr. 17 zu § 77 BetrVG 1972.

trieblicher Mitbestimmung durch Vereinbarung Arbeitsbedingungen festzusetzen, die für die am Abschluss der Betriebsvereinbarung nicht selbst mitwirkenden Arbeitnehmer des Betriebs verbindlich gelten.

Nach § 77 Abs. 5 BetrVG kann eine Betriebsvereinbarung durch ordentliche Kündigung beendet werden. Die Vorschrift gibt dem Betriebsrat und dem Arbeitgeber das Recht, durch einseitige Gestaltungserklärung mit dreimonatiger Frist die Betriebsvereinbarung mit Wirkung für die Zukunft zu beenden. Die ordentliche Kündigung ist nicht an einen sachlichen Grund gebunden und deshalb auch ohne Begründung wirksam. Die gesetzliche Kündigungsermächtigung nach Absatz 5 kann durch eine (ausdrückliche oder stillschweigende) Abrede in der Betriebsvereinbarung abgeändert werden; § 77 Abs. 5 BetrVG ist abdingbar. Die Kündigungsfrist kann verkürzt oder - in der Praxis häufig der Fall - verlängert werden. Außerdem kann die ordentliche Kündigung ganz oder für bestimmte Zeit ausgeschlossen oder an bestimmte Gründe gebunden werden. Von dieser umfassenden Gestaltungsfreiheit wird in der Praxis häufig Gebrauch gemacht. Möglich ist ebenfalls die Abrede einer Teilkündigung. Fehlt eine solche Übereinkunft, hängt die Wirksamkeit einer Teilkündigung davon ab, ob sie sich auf einen selbständigen, vom weiteren Inhalt der Betriebsvereinbarung sachlich unabhängigen Komplex bezieht und die Betriebspartner davon ausgegangen sind, dass diese Regelung selbständig gelten kann.[52]

---

52 BAG AP Nr. 10, 24 zu § 59 BetrVG.

Von § 77 Abs. 5 BetrVG unberührt bleibt die Möglichkeit der fristlosen Kündigung aus wichtigem Grund. Der Gesetzgeber hat das Recht, eine Betriebsvereinbarung aus wichtigem Grund ohne Einhaltung einer Kündigungsfrist zu kündigen, in § 120 Abs. 2 InsO anerkannt. Das außerordentliche Kündigungsrecht ist nicht abdingbar und gilt auch in der Insolvenz. Das Fehlen von Geldmitteln, um versprochene Leistungen zu erbringen, stellt allein ebenso keinen Grund zur außerordentlichen Kündigung dar wie die Eröffnung eines Insolvenzverfahrens.[53] Entscheidend ist, ob es der kündigenden Partei unzumutbar ist, bis zum Ablauf der ordentlichen Kündigungsfrist an der Betriebsvereinbarung festzuhalten; die Frage ist, ob unerlässliche Maßnahmen durch die Betriebsvereinbarung beeinträchtigt werden.

Außer aufgrund von Kündigungen enden Betriebsvereinbarungen mit Ablauf der Zeit, für die sie gegebenenfalls abgeschlossen wurden. Ist eine Betriebsvereinbarung zur Erreichung eines bestimmten Zweckes abgeschlossen, endet sie mit Zweckverwirklichung. Das ist beispielsweise der Fall, wenn ein Tarifvertrag ausläuft, zu dem eine durch tarifliche Öffnungsklausel zugelassene Betriebsvereinbarung ergänzende Regelungen getroffen hat (vgl. § 77 Abs. 3 S. 2 BetrVG), weil die Betriebsvereinbarung insofern in ihrer Laufzeit auf die Dauer des Tarifvertrages (einschließlich dessen Nachwirkungszeitraum) beschränkt ist.[54] Entsprechend der Regel „lex posterior derogat legi priori" endet eine Betriebsvereinbarung ferner, wenn sie durch eine neue Betriebs-

---

[53] *Kübler/Prütting/Moll*, § 120 Rn. 46; *Belling/Hartmann*, NZA 1998, 57, 63; *Lohkemper*, KTS 1996, 1, 40; vgl. auch BAG ZIP 1995, 1037.
[54] BAG AP Nr. 7 zu § 77 BetrVG 1972.

vereinbarung aufgehoben, ersetzt oder geändert wird.[55] Als Beendigungsgrund kommt weiterhin ein Aufhebungsvertrag zwischen Arbeitgeber und Betriebsrat in Betracht. Der Aufhebungsvertrag bedarf der Schriftform im Sinne des § 77 Abs. 2 BetrVG, weil es sich um einen „actus contrarius" im Verhältnis zur Betriebsvereinbarung handelt.[56]

Trotz Beendigungstatbestand gelten gemäß § 77 Abs. 6 BetrVG Betriebsvereinbarungen über Angelegenheiten, in denen ein Spruch der Einigungsstelle die Einigung zwischen Arbeitgeber und Betriebsrat ersetzen kann, weiter, bis ihre Regelungen durch eine andere Abmachung ersetzt werden. Es muss sich also um einen Fall der erzwingbaren Mitbestimmung handeln. Die Nachwirkung kann durch Betriebsvereinbarung ausgeschlossen werden; § 77 Abs. 6 BetrVG ist dispositiv.[57] Der Ausschluss der Nachwirkung kann sich bei einer zeitlich begrenzten Regelung aus der Natur der Sache ergeben. Bei Zweckerreichung ist die Nachwirkung schon nach dem Inhalt der Betriebsvereinbarung konkludent ausgeschlossen. Als Beispiel seien Betriebsurlaub für ein Kalenderjahr oder Mehrarbeit für eine Zusatzschicht genannt.[58] Eine befristete Betriebsvereinbarung wirkt grundsätzlich nach, es sei denn, der Ausschluss der Nachwirkung ergibt sich aus besonderen Anhaltspunkten in der Betriebsvereinbarung. Allein aus der

---

[55] BAG GS, AP Nr. 17 zu § 77 BetrVG 1972; *Fitting/Kaiser/Heither/Engels*, § 77 Rn. 163; MünchArbR/*Matthes*, § 328 Rn. 65.
[56] MünchArbR/*Matthes*, § 328 Rn. 37; *Fitting/Kaiser/Heither/Engels*, § 77 Rn. 128; offen gelassen vom BAG NZA 1991, 426; zur Gegenauffassung GK-BetrVG/ *Kreutz*, § 77 Rn. 307.
[57] BAG AP Nr. 9 zu § 77 BetrVG 1972.
[58] BAG DB 1995, 1918.

Befristung kann in der Regel ein Ausschluss der Nachwirkung nicht abgeleitet werden.[59] Endet eine Betriebsvereinbarung durch Aufhebungsvertrag, ist durch Auslegung der Aufhebungsabrede zu ermitteln, ob die Betriebsvereinbarung nachwirkt. Bei freiwilligen Betriebsvereinbarungen kommt es zu keiner Nachwirkung. Die Betriebsparteien können allerdings eine Nachwirkung vereinbaren. Für diese gelten dieselben Grundsätze wie für die gesetzliche Nachwirkung; die Betriebsvereinbarung kann also nur durch eine neue Vereinbarung oder durch Entscheidung der Einigungsstelle geändert oder aufgehoben werden. Enthält eine Betriebsvereinbarung Abreden sowohl über mitbestimmungspflichtige als auch über andere Angelegenheiten, so wirken die Bestimmungen über mitbestimmungspflichtige Angelegenheiten nach, sofern sie eine aus sich heraus handhabbare Regelung enthalten. Handelt es sich um eine Betriebsvereinbarung, bei der das „Ob" mitbestimmungspflichtig, das „Wie" aber mitbestimmungsfrei ist, kommt es zu keiner Nachwirkung, wenn der Arbeitgeber die Vereinbarung insgesamt kündigt.[60]

b) Insolvenzarbeitsrecht
Die Eröffnung des Insolvenzverfahrens bleibt ohne Auswirkung auf Betriebsvereinbarungen; sie gelten auch in der Insolvenz weiter. Da Betriebsvereinbarungen das Unternehmen des Schuldners mit erheblichen Verbindlichkeiten belasten können, sieht die Insolvenzordnung

---
[59] Vgl. BAG DB 1991, 2043; GK-BetrVG/*Kreutz*, § 77 Rn. 343.
[60] Vgl. GK-BetrVG/*Kreutz*, § 77 Rn. 339; *Däubler/Kittner/Klebe/Berg*, § 77 Rn. 59; *Weber/Ehrich/Hörchens*, Handbuch, Teil F Rn. 142, jeweils m. weit. Nachw.

Möglichkeiten vor, das wirtschaftlich in Bedrängnis geratene Unternehmen von Belastungen durch Betriebsvereinbarungen zu bewahren. Zu diesem Zweck enthält § 120 InsO unterschiedliche Regelungen. § 120 Abs. 1 S. 2 InsO führt für Betriebsvereinbarungen eine Höchstkündigungsfrist ein, wie sie § 113 Abs. 1 InsO für Arbeitsverhältnisse vorgibt. Ohne rechtlichen sachlichen Grund kann eine Betriebsvereinbarung zum Ablauf von drei Monaten vom Tag des Zugangs der Kündigung an gekündigt werden. Auf abweichende Vereinbarungen kommt es nicht an. § 120 Abs. 1 S. 2 InsO bezieht sich auf Betriebsvereinbarungen, die Leistungen vorsehen, welche die Insolvenzmasse (§ 35 InsO) belasten. Der Anwendungsbereich des § 120 InsO bezieht sich auf Betriebsvereinbarungen, welche die Insolvenzmasse unmittelbar finanziell belasten, also Vergütungsregelungen wie Weihnachtsgratifikationen oder Sonderprämien vorsehen.

Erstreckt sich die Betriebsvereinbarung auf Anwartschaften, sind die Grundsätze des Vertrauensschutzes und der Verhältnismäßigkeit zu berücksichtigen.[61] Eine Streichung von bereits teilweise erdienten Sonderzuwendungen für das laufende Jahr ist danach nur als ultima ratio möglich.[62] Bei Anwartschaften auf betriebliche Altersversorgung ist zu unterscheiden. Unverfallbare Anwartschaften sind nach §§ 7 ff. BetrAVG durch den Pensionssicherungsverein insolvenzsicher. Bei verfallbaren Anwartschaften kommt es auf die anhand der Grundsätze des Vertrauensschutzes und der Verhältnismäßigkeit von der Recht-

---

[61] BAG NZA 2000, 498; NZA 1993, 234.
[62] Näher MünchKommInsO/*Löwisch/Caspers*, § 120 Rn. 37.

sprechung entwickelten Prinzipien an. Danach kann ein bereits erdienter, gemäß § 2 BetrAVG errechneter Teilbetrag nur in besonderen Ausnahmefällen gekürzt werden, während Zuwächse, die sich aus variablen Berechnungsfaktoren ergeben, nur aus schwerwiegenden Gründen verringert werden können, soweit sie zeitanteilig erdient sind, und für Eingriffe in Zuwachsraten, die noch nicht erdient sind, bereits sachliche Gründe genügen.[63]

§ 120 InsO bezieht sich jedenfalls auf unmittelbar die Insolvenzmasse belastende Betriebsvereinbarungen, wobei es nicht darauf ankommt, dass die Betriebsvereinbarung direkte Leistungen an die Arbeitnehmer vorsieht. Es ist ausreichend, dass es sich um unmittelbare Leistungen im Interesse der Arbeitnehmer handelt. Dem Anwendungsbereich des § 120 InsO unterfallen damit zum Beispiel Verpflichtungen gegenüber dem Betriebsrat, die über § 40 BetrVG hinausgehen, und Leistungen für Sozialeinrichtungen, auf die dem einzelnen Arbeitnehmer kein Rechtsanspruch zusteht.[64] Auseinander gehen die Auffassungen darüber, ob § 120 InsO auch bei mittelbar belastenden Betriebsvereinbarungen anwendbar ist.[65] Darunter sind zum einen Betriebsvereinbarungen zu verstehen, die beispielsweise über eine Arbeitszeitregelung

---

[63] BAG NZA 2000, 322; NZA 1990, 67.
[64] MünchKommInsO/*Löwisch/Caspers*, § 120 Rn. 11; a.A. *Kübler/Prütting/Moll*, § 120 Rn. 19.
[65] Dafür *Kübler/Prütting/Moll*, § 120 Rn. 18 f.; MünchKommInsO/*Löwisch/Caspers*, § 120 Rn. 9 f.; *Warrikoff*, BB 1994, 2338, 2339; dagegen *Nerlich/Römermann/Hamacher*, § 120 Rn. 25 f.; *Zwanziger*, Arbeitsrecht, § 120 Rn. 2 f.; *Smid/R. Müller*, § 120 Rn. 6; *Oetker/Friese*, DZWir 2000, 397, 399; wohl auch *Eisenbeis/Mues*, Arbeitsrecht, Rn. 498 (direkte negative Vermögensbeeinträchtigung).

zum Anfall von Schichtzuschlägen führen, zum anderen Betriebsvereinbarungen, die leistungsbezogene Entgeltzahlungen ausgestalten. Gemeint sind Regelungen zur Gewährung von Prämien und Akkordleistungen im Sinne von § 87 Abs. 1 Nrn. 10, 11 BetrVG. Die Ausgestaltung von leistungsabhängigen Entgeltsystemen ist notwendiges Merkmal der Zahlungspflicht. Ohne entsprechende Vorgaben in der Betriebsvereinbarung kommt es zu keiner Belastung der Insolvenzmasse. Nur durch eine Änderung der Betriebsvereinbarung kann eine Verringerung der finanziellen Leistungen verwirklicht werden. Auch mittelbar belastende Betriebsvereinbarungen beeinträchtigen die Insolvenzmasse. § 120 InsO dient nach seinem Sinn und Zweck der Entlastung der Insolvenzmasse von Personalkosten; eine Unterscheidung von unmittelbaren und mittelbaren Kosten ist der Vorschrift fremd. Aus der teleologischen Auslegung des § 120 InsO ergibt sich, dass die Norm sowohl bei unmittelbar als auch bei mittelbar belastenden Betriebsvereinbarungen anzuwenden ist. § 120 Abs. 1 S. 2 InsO gibt dem Arbeitgeber die Möglichkeit, ihn direkt oder indirekt belastende und die Arbeitnehmer begünstigende Betriebsvereinbarungen trotz entgegenstehender Abreden zu kündigen. Die vorzeitige Kündigung erleichtert die Senkung der Personal- und Sozialkosten des in eine wirtschaftliche Krise geratenen Unternehmens.

Diese Kündigungsmöglichkeit nach § 120 Abs. 1 S. 2 InsO besteht nicht nur bei Vereinbarung einer längeren Kündigungsfrist - wie es der Wortlaut der Vorschrift nahe legt. Die Regelung ist nach ihrem Sinn und Zweck ebenfalls anwendbar, wenn die ordentliche Kündigung der Betriebsvereinbarung für einen bestimmten Zeitraum oder auf Dauer ausgeschlossen wird, weil einer derartigen Unkündbarkeitsregelung eine ähnliche Wirkung zukommt.[66] § 120 Abs. 1 S. 2 InsO macht darüber hinaus das unter Umständen vertraglich vereinbarte Erfordernis eines Kündigungsgrundes obsolet. Haben die Betriebspartner für die Kündigung bestimmte inhaltliche Voraussetzungen aufgestellt, sind diese im Insolvenzverfahren ohne Bedeutung. § 120 Abs. 1 S. 2 InsO erleichtert es insolventen Unternehmen, sich von belastenden Betriebsvereinbarungen zu lösen und bringt somit finanzielle Vorteile für den Arbeitgeber mit sich.

Eine andere Frage betrifft die Rechtsfolgen der Kündigung. § 77 Abs. 6 BetrVG sieht vor, dass erzwingbare Betriebsvereinbarungen solange weitergelten, bis sie durch eine andere Abmachung ersetzt werden (Nachwirkung). Dies gilt auch bei der Kündigung von Betriebsvereinbarungen nach § 120 Abs. 1 S. 2 InsO.[67] Die Nachwirkung bei Betriebsvereinbarungen, die mitbestimmungspflichtige Angelegenheiten regeln, ist praktisch also nur so zu beenden, dass eine neue Betriebsvereinbarung abgeschlossen wird oder die Einigungsstelle durch ihren Spruch eine Einigung der Betriebspartner ersetzt. Die Nachwirkung bei erzwingbaren Betriebsvereinbarungen kann von den Betriebspartnern auch vertraglich ausgeschlossen werden; ein derarti-

---

[66] *Kübler/Prütting/Moll*, § 120 Rn. 27; *Lakies*, RdA 1997, 145, 147; *Schrader*, NZA 1997, 70, 71; *Oetker/Friese*, DZWir 2000, 397, 405; *Zwanziger*, Arbeitsrecht, § 120 Rn. 6; MünchKommInsO/*Löwisch/Caspers*, § 120 Rn. 26; a.A. *Bichlmeier/Oberhofer*, AiB 1997, 161, 163; *Smid/R. Müller*, § 120 Rn. 10.

[67] *Kübler/Prütting/Moll*, § 120 Rn. 37; *Giesen*, ZIP 1998, 142; *Lakies*, RdA 1997, 145, 147; *Löwisch*, NZA 1996, 1009, 1017; *Schrader*, NZA 1997, 70, 71; *Warrikoff*, BB 1994, 2338, 2339.

ger Ausschluss gilt im Rahmen des Insolvenzverfahrens fort.[68] Im umgekehrten Fall, das heißt, ist für eine freiwillige Betriebsvereinbarung eine Nachwirkung vereinbart, gilt diese Vereinbarung im Insolvenzverfahren jedoch nicht fort. Die Vereinbarung der Nachwirkung würde eine Fortdauer der Belastung der Insolvenzmasse auch dort begründen, wo das Betriebsverfassungsgesetz dies nicht vorsieht. Die Auslegung des § 120 Abs. 1 S. 2 InsO unter Berücksichtigung der Gesetzesmaterialien und des Normzwecks gebietet, dass derartige Nachwirkungsvereinbarungen der Betriebspartner im Anwendungsbereich des § 120 InsO nicht anerkannt werden.[69]

Besonderheiten gelten bei sogenannten teilmitbestimmten Betriebsvereinbarungen. Dabei handelt es sich um Betriebsvereinbarungen, die eine freiwillige Leistung (Gratifikationen, über- und außertarifliche Lohnzuschläge, Prämien) zum Gegenstand haben und deshalb hinsichtlich des "Ob" der Leistung mitbestimmungsfrei, hinsichtlich des "Wie" (Verteilungsschlüssel) aber nach § 87 Abs. 1 Nr. 8 oder Nr. 10 BetrVG mitbestimmungspflichtig sind. Hier sind zwei Fälle zu unterscheiden: Eine Nachwirkung scheidet aus, wenn der Arbeitgeber die Betriebsvereinbarung kündigt, um einen gänzlichen Wegfall der Leistungen herbeizuführen. Die Regelungen der teilmitbestimmten Betriebsvereinbarung gelten in diesem Fall nicht kraft Nachwirkung weiter, so dass mit Ablauf der Kündigungsfrist die Rechtsgrundlage für

---

[68] Vgl. BAG BB 1995, 1482.
[69] Streitig, wie hier auch *Kübler/Prütting/Moll*, § 120 Rn. 41; *Oetker/Friese*, DZWir 2000, 397, 407; MünchKommInsO/*Löwisch/Caspers*, § 120 Rn. 33; für die Anerkennung einer Nachwirkungsabrede bei freiwilligen Betriebsvereinbarungen *Zwanziger*, Arbeitsrecht, § 120 Rn. 10; *Nerlich/Römermann/Hamacher*, § 120 Rn. 39 ff.

die Gewährung der Leistungen entfällt. Da keine mitbestimmungspflichtigen Verteilungsfragen zu klären sind, scheidet eine Nachwirkung aus.[70] Die Lage ist anders, wenn der Insolvenzverwalter zwar kündigt, jedoch mit der Kündigung bezweckt, letztlich eine gekürzte Fort- oder Neugewährung der Leistungen zu ermöglichen. Das BAG nimmt in diesen Fällen eine Nachwirkung an, wenn das zur Verfügung gestellte Mittelvolumen verringert und der Verteilungsschlüssel bei der Fort- oder Neugewährung geändert wird. Eine Nachwirkung würde danach ausscheiden, wenn keine Änderung des Verteilungsschlüssels bei einer Fort- oder Neugewährung gekürzter Mittel beabsichtigt ist. Der Insolvenzverwalter wird in Anbetracht der Insolvenz die Kündigung regelmäßig zu dem Zweck vornehmen, die in Rede stehende Leistung gänzlich und ersatzlos entfallen zu lassen. Eine Nachwirkung scheidet deshalb regelmäßig aus.[71]

§ 120 InsO führt im Ergebnis mithin zu einer Entlastung der Insolvenzmasse. Dem Insolvenzverwalter wird die Möglichkeit eröffnet, sich vorzeitig von den Belastungen der Insolvenzmasse durch Betriebsvereinbarungen, insbesondere den dort festgelegten Sozialleistungen, zu lösen. Vor allem in den Fällen, in denen das Unternehmen fortgeführt oder an einen Dritten veräußert werden soll, ist die Änderung oder Aufhebung einer belastenden Betriebsvereinbarung von Be-

---

[70] BAG NZA 1994, 572; NZA 1989, 765; *Kübler/Prütting/Moll*, § 120 Rn. 39; *Braun/Wolf*, § 120 Rn. 11; FK-InsO/*Eisenbeis*, § 120 Rn. 4.
[71] *Kübler/Prütting/Moll*, § 120 Rn. 39 m. Nachw. zur Rechtsprechung.

deutung. § 120 InsO kann in diesen Fällen maßgeblich zur Erhaltung von Arbeitsplätzen beitragen.

Die Entlastungswirkung des § 120 Abs. 1 S. 2 InsO ist unabhängig von einer Beratung des Insolvenzverwalters mit dem Betriebsrat. § 120 Abs. 1 S. 1 InsO enthält keine Beratungspflicht, sondern lediglich ein Beratungsgebot; es handelt sich um eine Soll-Vorschrift, deren Nichtbeachtung mit keinen Rechtsfolgen verbunden ist.[72] Teilweise wird vertreten, dass neben § 120 Abs. 1 S. 1 InsO auf § 74 Abs. 1 S. 2 BetrVG zurückzugreifen sei, so dass der Insolvenzverwalter der allgemeinen Einlassungs- und Erörterungspflicht des Betriebsverfassungsrechts nachzukommen habe.[73] Zutreffend ist, dass die Eröffnung des Insolvenzverfahrens das Betriebsverfassungsrecht nicht außer Kraft setzt. Regelungen des Betriebsverfassungsgesetzes werden nur verdrängt, soweit die Insolvenzordnung besondere Normen für das Insolvenzverfahren vorsieht. So liegt es hier. § 120 Abs. 1 S. 1 InsO verdrängt als spezielle Vorschrift des Insolvenzrechts die allgemeine betriebsverfassungsrechtliche Norm des § 74 Abs. 1 S. 2 BetrVG. § 120 Abs. 1 S. 1 InsO verkörpert im Insolvenzverfahren den in § 2 Abs. 1 BetrVG verankerten Grundsatz der vertrauensvollen Zusammenarbeit. Aus diesem Kooperationsgebot ergibt sich die Pflicht, bei Meinungsverschiedenheiten auf eine einvernehmliche Lösung hinzuarbeiten. Diesen Zweck verwirklicht § 120 Abs. 1 S. 1 InsO, der ein

---

[72] *Braun/Wolf*, § 120 Rn. 7; *Smid/R. Müller*, § 120 Rn. 7; *Hess*, § 120 Rn. 12.
[73] FK-InsO/*Eisenbeis*, § 120 Rn. 7; *Eisenbeis/Mues*, Arbeitsrecht, Rn. 496.

Beratungsgebot mit dem Ziel festlegt, dass die Leistungen aus einer belastenden Betriebsvereinbarung einvernehmlich herabgesetzt werden. Der Anwendungsbereich des § 120 Abs. 1 S. 1 InsO deckt sich damit mit dem des § 74 Abs. 1 S. 2 BetrVG. Aufgrund des weitgehend identischen Wirkungsbereichs von § 120 Abs. 1 S. 1 InsO und § 74 Abs. 1 S. 2 BetrVG bleibt im Insolvenzverfahren für einen Rückgriff auf die allgemeine betriebsverfassungsrechtliche Regel kein Raum. Auch bei § 74 Abs. 1 S. 2 BetrVG besteht keine Einigungspflicht; ein Zwang zum gegenseitigen Nachgeben ist aus der Norm nicht abzuleiten.[74] Da das Beratungsgebot des § 120 Abs. 1 S. 1 InsO im Verhältnis zu § 74 Abs. 1 S. 2 BetrVG ein wesensgleiches Minus darstellt, wäre § 120 Abs. 1 S. 1 InsO überflüssig, wenn insoweit auf das Betriebsverfassungsrecht zurückgegriffen werden könnte. Bei § 120 Abs. 1 S. 1 InsO handelt es sich daher um eine Sonderregel des Insolvenzrechts, welche die allgemeine betriebsverfassungsrechtliche Vorschrift verdrängt.

§ 120 Abs. 2 InsO stellt klar, dass die Grundsätze zur Kündigung einer Betriebsvereinbarung aus wichtigem Grund unberührt bleiben. Es handelt sich um ein gewohnheitsrechtlich anerkanntes, unabdingbares Rechtsprinzip, dass Dauerschuldverhältnisse bei Unzumutbarkeit ihrer Fortsetzung durch außerordentliche Kündigung beendet werden können. Ein Grund zur fristlosen Kündigung besteht, wenn eine weitere

---

[74] *Fitting/Kaiser/Heither/Engels*, § 74 BetrVG Rn. 9; *Däubler/Kittner/Klebe/Berg*, § 74 BetrVG Rn. 10.

Geltung für eine Seite unter Berücksichtigung aller Umstände und unter Abwägung der Interessen beider Betriebspartner und der von der Regelung betroffenen Arbeitnehmer unzumutbar ist.[75]
Als wichtiger Grund kommt in der Insolvenz insbesondere eine wesentliche Änderung der wirtschaftlichen Verhältnisse in Betracht, wobei bloße Liquiditätsengpässe allein keinen wichtigen Grund für eine außerordentliche Kündigung bilden.[76] Bei der Abwägung ist zu berücksichtigen, dass gemäß § 120 Abs. 1 S. 2 InsO eine ordentliche Kündigung mit einer Frist von drei Monaten zulässig ist. Es ist deshalb zu prüfen, ob die Regelungen der Betriebsvereinbarung während dieser drei Monate eine unzumutbare Belastung der Insolvenzmasse darstellen. Eine derartige wesentliche Belastung ist beispielsweise anzunehmen, wenn die Leistungsvorgaben der Betriebsvereinbarung die Masse derart belasten würden, dass die nach § 123 InsO zulässigen Sozialplanzahlungen ausgeschlossen seien oder die Einstellung des Verfahrens gemäß § 207 InsO drohe. An der Nachwirkung von Betriebsvereinbarungen in mitbestimmungspflichtigen Angelegenheiten ändert sich bei einer außerordentlichen Kündigung nichts.[77] Auch hier kann der Insolvenzverwalter nur entweder eine Neuregelung anstreben und gegebenenfalls durch die Einigungsstelle durchsetzen oder eine individualvertragliche Abänderung, unter Umständen mittels einer Änderungskündigung (§ 2 KSchG), versuchen.

---

[75] BAG NZA 1993, 31.
[76] Vgl. BAG BB 1995, 1240; zur gerichtlichen Begründung BAG BB 1992, 1859.
[77] BAG BB 1995, 1240; *Braun/Wolf*, § 120 Rn. 12.

6. Betriebsübergang
a) Arbeitsrecht

Investoren zeigen häufig Interesse an Unternehmen in wirtschaftlicher Bedrängnis. Die Chancen einer zumindest teilweisen Rettung des Betriebes und damit von Arbeitsplätzen steigen, wenn ein Betriebsteil an einen finanzkräftigen Dritten veräußert werden kann.

Das materielle Arbeitsrecht knüpft an eine Veräußerung eines Betriebes weitreichende Folgen, sofern die Voraussetzungen des § 613a Abs. 1 BGB erfüllt sind. § 613a Abs. 1 S. 1 BGB erfordert, dass ein Betrieb oder ein Betriebsteil durch Rechtsgeschäft auf einen anderen Inhaber übergeht. Ein derartiger Übergang ist anzunehmen, wenn die Identität der wirtschaftlichen Einheit nach einer Gesamtwürdigung aller Umstände gewahrt bleibt. Ein Betriebs(teil)übergang ist damit dadurch gekennzeichnet, dass der Inhaber einer organisatorischen Einheit von sachlichen und bzw. oder immateriellen Betriebsmitteln und bzw. oder von Personen mit eigener arbeitstechnischer Zwecksetzung unter Wahrung deren Identität auf Grund eines Rechtsgeschäftes wechselt.[78] Der Begriff „Rechtsgeschäft" in § 613a Abs. 1 S. 1 BGB wird von der Rechtsprechung weit ausgelegt.[79] Um ein Rechtsgeschäft handelt es sich, wenn der Betriebsinhaber im Rahmen vertraglicher Beziehungen wechselt, wobei zwischen Veräußerer und Erwerber kein unmittelbares Vertragsverhältnis bestehen muss.[80] Auf die Art oder die Wirksamkeit des Rechtsgeschäftes kommt es nicht an. Ent-

---

[78] Vgl. BAG NJW 2000, 1739, 3226; NJW 1998, 2994.
[79] Vgl. BAG NJW 1999, 781.
[80] EuGH EuZW 2001, 150, 152; NZA 1999, 189, 190; NJW 1996, 1199.

scheidend ist, dass der Erwerber den Betrieb oder Betriebsteil tatsächlich übernimmt und fortführt. Das Tatbestandsmerkmal Rechtsgeschäft in § 613a Abs. 1 S. 1 BGB zielt somit lediglich darauf, die Fälle des Inhaberwechsels durch Gesamtrechtsnachfolge und kraft Gesetzes sowie durch Hoheitsakt vom Anwendungsbereich des § 613a BGB auszuschließen. Der Betriebsübergang ist nicht mit dem Abschluss des Verpflichtungsgeschäftes vollzogen, sondern erst mit der Übernahme der Organisations- und Leitungsmacht, die eine Fortführung des Betriebes erlaubt.

Ein Betriebsübergang im Sinne des § 613a BGB scheidet bei einer vollzogenen Betriebsstilllegung aus. Denn ein Betrieb oder Betriebsteil, der nicht mehr besteht, kann nicht auf einen anderen Inhaber übergehen.[81] Eine Stilllegung ist anzunehmen, wenn der Betriebsinhaber die bisherige wirtschaftliche Betätigung in der ernstlichen und endgültigen Absicht einstellt, den Betriebszweck dauernd oder für eine ihrer Dauer nach unbestimmte, wirtschaftlich erhebliche Zeitspanne nicht mehr weiter zu verfolgen. Der Stilllegungswille muss durch die Auflösung der Organisation des Betriebes zum Ausdruck gebracht werden. Ein Antrag auf Eröffnung des Insolvenzverfahrens oder die bloße Einstellung der Produktion bei weiterem Bestand der Organisationseinheit genügen für eine Betriebsstilllegung nicht.[82]

---

81 BAG NJW 1997, 3188.
82 BAG NJW 1997, 3188; NZA 1998, 31, 32.

Der Erwerber tritt gemäß § 613a Abs. 1 S. 1 BGB in die zum Zeitpunkt des Betriebsüberganges bestehenden Arbeitsverhältnisse ein. Der Betriebsübergang führt also zum gesetzlichen Übergang des unveränderten Arbeitsverhältnisses auf den neuen Inhaber. Es erfolgt ein Wechsel der Arbeitgeberposition. Das Arbeitsverhältnis geht allerdings nicht auf den Erwerber über, wenn der Arbeitnehmer gemäß § 613a Abs 6 S. 1 BGB innerhalb eines Monats nach Zugang der Unterrichtung im Sinne des § 613a Abs. 5 BGB dem Übergang des Arbeitsverhältnisses schriftlich widerspricht. Folge eines wirksam erklärten Widerspruchs ist der Fortbestand des Arbeitsverhältnisses zum bisherigen Arbeitgeber.

Geht das Arbeitsverhältnis auf den Erwerber über, so tritt er in sämtliche Rechte und Pflichten des bisherigen Arbeitgebers ein. Beispielsweise bleiben Entgelt- und Urlaubsansprüche unverändert bestehen. § 613a Abs. 1 S. 2 BGB ordnet die individualrechtliche Fortgeltung kollektiver Rechtsnormen an. Die Rechtsnormen eines bisher für das Arbeitsverhältnis kraft Tarifbindung (§ 3 Abs. 1 TVG) geltenden Tarifvertrages (§ 4 Abs. 1 TVG) oder einer Betriebsvereinbarung (§ 77 Abs. 4 BetrVG) werden Inhalt des jeweiligen Arbeitsvertrages, für den insoweit ein einjähriges Änderungsverbot zum Nachteil des Arbeitnehmers (vgl. § 613a Abs. 1 S. 4 BGB) gilt. Eine derartige Umwandlung von normativem Kollektiv- in schuldrechtliches Individualrecht entfällt jedoch nach § 613a Abs. 1 S. 3 BGB, wenn beim neuen Betriebsinhaber ein anderer Kollektivvertrag gilt.

Eine Kündigung des Arbeitsverhältnisses wegen des Betriebsüberganges ist gemäß § 613a Abs. 4 S. 1 BGB unwirksam. Nach § 613a Abs. 4 S. 2 BGB bleibt das Recht zu Kündigungen aus anderen Gründen unberührt. Für die Anwendung des § 613a Abs. 4 S. 1 BGB kommt es mithin darauf an, dass der Betriebsübergang der tragende Grund, nicht nur der äußere Anlass für die Kündigung ist. Eine Kündigung ist also nicht bereits dann rechtsunwirksam, wenn der Betriebsübergang für die Kündigung ursächlich, sondern dann, wenn der Betriebsübergang Beweggrund für die Kündigung ist, das Motiv der Kündigung also wesentlich durch den Betriebsinhaberwechsel bedingt ist.[83] Eine Kündigung im Sinne des § 613a Abs. 4 S. 1 BGB ist beispielsweise anzunehmen, wenn der Arbeitgeber zum Zeitpunkt der Kündigung den Betriebsübergang geplant, dieser bereits greifbare Formen angenommen hat und die Kündigung ausgesprochen wird, um den Betriebsübergang durch gesenkte Mitarbeiterzahlen zu ermöglichen.[84]

Diese Vorgaben des § 613a BGB bewirken für die Arbeitnehmer eine weitgehende Kontinuitätssicherung. Für potentielle Erwerber stellt der umfassende Inhalts- und Bestandsschutz der Arbeitsverhältnisse in vielen Fällen ein Investitions- und Sanierungshemmnis dar.

---

[83] BAG NZA 1997, 148, 149; NJW 1984, 627, 629.
[84] Vgl. BAG NZA 1989, 265, 461.

b) Insolvenzarbeitsrecht

§ 613a BGB gilt auch bei einem eröffneten Insolvenzverfahren.[85] § 128 InsO modifiziert jedoch einzelne Vorgaben des § 613a BGB. § 128 InsO erfordert, dass ein Interessenausgleich (§ 125 InsO) zustande kommt oder die soziale Rechtfertigung der Kündigungen in einem Beschlussverfahren (§ 126 InsO) festgestellt ist. Die Meinungen dazu, ob außer dem Insolvenzverwalter auch der Erwerber gemäß § 128 Abs. 1 InsO vorgehen kann, gehen auseinander. Richtigerweise ist auf § 128 Abs. 1 InsO auch abzustellen, wenn unmittelbar nach der Vereinbarung des Interessenausgleichs durch Insolvenzverwalter und Betriebsrat oder der gerichtlichen Feststellung durch das Arbeitsgericht der Betriebsübergang erfolgt und der Erwerber Kündigungen im Anschluss an den Betriebsübergang ausspricht.[86] Nach § 128 Abs. 1 InsO wird die Anwendung der §§ 125 bis 127 InsO auf den Fall erstreckt, dass die Betriebsänderung, die dem Interessenausgleich gemäß § 125 InsO oder dem Feststellungsantrag im Sinne des § 126 InsO zugrunde liegt, erst nach einer Betriebsveräußerung durchgeführt werden soll. Ohne diese Norm müsste der Betriebserwerber warten, bis der Insolvenzverwalter die Betriebsänderung vollzogen hat, bevor er den Betrieb übernimmt, weil er anderenfalls die Kündigungser-

---

[85] BAG NZA 1990, 188; NJW 1980, 1124; *Eisenbeis/Mues*, Arbeitsrecht, Rn. 430. Zur rechtspolitischen Diskussion über die Anwendung des § 613a BGB im Insolvenzverfahren vgl. *Gravenbrucher Kreis*, ZIP 1993, 625, 626; *Kilger*, KTS 1989, 495, 510; *Stürner*, ZZP 94 (1981), 263, 282 f. Überblick zur geschichtlichen Entwicklung des Meinungsstandes über die Anwendung des § 613a BGB im Konkurs bzw. in der Insolvenz bei *Kautzsch*, Unternehmenssanierung, 2001, S. 160 ff. m. weit. Nachw.

[86] *Nerlich/Römermann/Hamacher*, § 128 Rn. 71; MünchKommInsO/*Löwisch/Caspers*, § 128 Rn. 28.

leichterungen verlieren würde. Daraus folgt, dass der Betrieb auf den Betriebserwerber übergehen kann und dieser die Kündigungsmöglichkeiten nicht verliert.

Führt der Insolvenzverwalter ein Verfahren nach § 126 InsO durch, ist der Betriebserwerber daran zu beteiligen, § 128 Abs. 1 S. 2 InsO. Betriebserwerber ist der Vertragspartner des Insolvenzverwalters bei einem Übernahmevertrag. Ist das Feststellungsverfahren (§ 126 InsO) aufgrund einer beabsichtigten Betriebsveräußerung angestrengt worden, ist unabhängig davon, ob ein Übernahmevertrag bereits abgeschlossen wurde, der potentielle Betriebserwerber zu beteiligen.[87] Denn § 128 Abs. 1 S. 2 InsO verfolgt den Zweck, den tatsächlichen Erwerber frühzeitig einzubinden. Es ist deshalb ausreichend, aber auch erforderlich, dass bereits Verhandlungen über die Betriebsübernahme getätigt wurden.

Nach § 613a Abs. 4 S. 1 BGB ist eine Kündigung unwirksam, die wegen eines Betriebsüberganges ausgesprochen wurde. Hat nunmehr der Insolvenzverwalter das Verfahren gemäß § 125 Abs. 1 S. 1 Nr. 1 InsO durchgeführt und einen besonderen Interessenausgleich mit dem Betriebsrat vereinbart, gilt die gesetzliche Vermutung, dass die Kündigung der Arbeitsverhältnisse der im einzelnen bezeichneten Arbeitnehmer durch dringende betriebliche Erfordernisse bedingt ist, die einer Weiterbeschäftigung in diesem Betrieb oder einer Weiterbeschäftigung zu unveränderten Arbeitsbedingungen entgegenstehen. Diese

---

[87] *Kübler/Prütting/Moll*, § 128 Rn. 24; MünchKommInsO/*Löwisch/Caspers*, § 128 Rn. 31; enger *Smid/R. Müller*, § 128 Rn. 16; *Lakies*, RdA 1997, 145, 155.

gesetzliche Vermutung erweitert § 128 Abs. 2 InsO dahingehend, dass die Kündigung des Arbeitnehmers nicht wegen eines Betriebsüberganges ausgesprochen wurde. § 613a Abs. 4 S. 1 BGB kommt deshalb insoweit nicht zur Anwendung.

Gleiches gilt für den Fall, dass der Insolvenzverwalter ein Beschlussverfahren im Sinne des § 126 InsO durchgeführt hat. In diesem Fall stellt das Arbeitsgericht fest, dass die Kündigung der im Antrag bezeichneten Arbeitnehmer durch dringende betriebliche Erfordernisse bedingt und sozial gerechtfertigt ist. Diese Feststellung des Arbeitsgerichts erweitert § 128 Abs. 1 InsO dahingehend, dass gesetzlich vermutet wird, dass die Kündigung nicht wegen eines Betriebsüberganges ausgesprochen wurde und aus diesem Grund wegen § 613a Abs. 4 S. 1 BGB unwirksam ist. Die Feststellung nach § 126 Abs. 1 S. 1 InsO ist gemäß § 127 Abs. 1 S. 1 InsO bindend und kann daher nicht widerlegt werden.

§ 128 InsO verbessert die Rechtsstellung des Betriebserwerbers gegenüber § 613a BGB folglich erheblich. Es ist möglich, dass Betriebsänderungen, bei denen der Insolvenzverwalter die Verfahren nach §§ 125 und 127 InsO eingeleitet und abgeschlossen hat, erst nach dem Betriebsübergang durchgeführt werden und sich bei einem Betriebsübergang die Vermutung nach § 125 Abs. 1 S. 1 Nr. 1 InsO oder die gerichtliche Feststellung nach § 126 Abs. 1 S. 1 InsO auch darauf erstreckt, dass die Kündigung der Arbeitsverhältnisse nicht wegen des Betriebsübergangs erfolgt.

§ 613a BGB entspricht der Richtlinie der EU über die Wahrung von Ansprüchen der Arbeitnehmer bei einem Unternehmensübergang.[88] Der Regelungsgehalt des § 128 InsO steht gleichwohl nicht im Widerspruch zum Europarecht. Die Richtlinie über den Betriebsübergang wurde 1998 neu gefasst: Art. 4a der Richtlinie sieht seitdem eine Öffnungsklausel für Insolvenzverfahren vor. Die im Insolvenzarbeitsrecht vorgesehenen, im Verhältnis zum Arbeitsrecht günstigeren Regelungen sind europarechtskonform.

III. Zusammenfassung

Der Vergleich ausgewählter arbeitsrechtlicher Regelungen zeigt, dass das Insolvenzarbeitsrecht für den Arbeitgeber nicht unerhebliche Vorteile bringt: Arbeitnehmer können leichter betriebsbedingt entlassen, finanzielle Zusagen leichter zurückgenommen werden. Mit den §§ 113, 120-128 InsO stellt die Insolvenzordnung Regelungen zur Verfügung, die gegenüber dem Arbeitsrecht wesentliche Erleichterungen für das Unternehmen bieten. Damit stellt sich die Frage, unter welchen Voraussetzungen das Insolvenzarbeitsrecht angewendet werden kann. Das hängt zunächst davon ab, ob das Insolvenzverfahren eine Unternehmenssanierung zulässt und somit sanierungsbedürftigen Unternehmen durch die Anwendung des Insolvenzarbeitsrechts einen Ausweg aus der wirtschaftlichen Krise eröffnet.

---

[88] 77/187/EWG vom 5. März 1977, Abl. Nr. L 61, S. 26.

D. Unternehmenssanierung in der Insolvenz

I. Die Eröffnung des Insolvenzverfahrens
1. Konkurs- und Vergleichsordnung

Konkurs- und Vergleichsordnung erlaubten keine frühzeitige Sanierung eines Unternehmens in der wirtschaftlichen Krise. Nach §§ 102, 207, 209 KO und § 2 VerglO war eine Verfahrenseröffnung nur bei Zahlungsunfähigkeit und Überschuldung möglich. Dass bei der Verwirklichung dieser Tatbestände eine Sanierung des Unternehmens nur in äußerst seltenen Fällen gelang, ist offensichtlich. War bereits Konkursreife eingetreten, war es für eine Sanierung regelmäßig zu spät.[89] Dementsprechend sank die Zahl der Vergleichs- und Zwangsvergleichsverfahren kontinuierlich. Beispielsweise verringerte sich die Zahl der bestätigten gerichtlichen Vergleiche von 30 Prozent im Jahr 1950, 12 Prozent im Jahr 1960 und 8 Prozent im Jahr 1970 auf unter ein Prozent ab 1983 gemessen an der Zahl der Gesamtinsolvenzen.[90] Bei 23.063 Insolvenzen wurden 1996 nur 15 Vergleichsverfahren nicht in Anschlusskonkursverfahren übergeleitet.[91] Als ein Grund für das Versagen von Konkurs- und Vergleichsordnung wurde die Beschränkung auf die zeitlich zu spät liegenden Eröffnungsgründe der Zahlungsunfähigkeit und der Überschuldung angesehen. Sie verhinderten eine frühzeitige Verfahrenseröffnung und damit eine rechtzeitige Reaktion auf krisenhafte wirtschaftliche Entwicklungen.

---

[89] Vgl. *Uhlenbruck*, Insolvenzrecht, S. 18; *Kilger*, ZIP 1982, 779, 780; *Schmidt*, Wege, S. 18.
[90] *Uhlenbruck*, Insolvenzrecht, S. 18.
[91] Vgl. ZIP 1997, 1766.

2. Insolvenzordnung

Anders liegt es nun bei der neuen Insolvenzordnung; sie sieht in § 18 InsO einen materiellen Eröffnungstatbestand der drohenden Zahlungsunfähigkeit vor. Dieser Eröffnungsgrund bietet die Möglichkeit, das Insolvenzverfahren bereits bei ersten Anzeichen einer Krise zu eröffnen. Als zukunftsbezogener Eröffnungsgrund ist die Anwendung des § 18 InsO von einer Prognose abhängig. Dabei sind die vorhandene Liquidität und die zu erwartenden Einnahmen den Verbindlichkeiten gegenüberzustellen, die bereits fällig sind oder die bis zu diesem Zeitpunkt voraussichtlich fällig werden. Die Voraussetzungen des § 18 Abs. 2 InsO sind dann als erfüllt anzusehen, wenn das zukünftige Unvermögen, Zahlungspflichten zu erfüllen, wahrscheinlicher ist als ihre Vermeidung.

Dem Gesetzgeber kam es darauf an, durch § 18 InsO das Insolvenzrecht wieder funktionsfähig zu machen. Der Zwangsvergleich nach §§ 173 ff. KO stellte kein taugliches Mittel zur Unternehmenssanierung dar. Über 75 Prozent aller Konkursanträge mussten mangels Masse abgewiesen werden, vor allem weil das Konkursverfahren zu spät eröffnet wurde und die Schuldner sich von einem zumindest nach der Konkursordnung in erster Linie auf die Zerschlagung ausgerichteten Instrumentarium keine Vorteile versprachen. Selbst in aussichtsloser Lage wurde um die Vermeidung eines Konkursantrages gekämpft, weil die Schuldner die Insolvenz gesellschaftlich als Ausdruck eines wirtschaftlichen und persönlichen Scheiterns empfanden. Dieser Entwicklung sollte durch zwei Maßnahmen entgegengesteuert werden, der Einführung des besonderen Insolvenztatbestandes der drohenden Zahlungsunfähigkeit (§ 18 Abs. 1 InsO) und der Bestimmung der Reorganisation (§ 1 S. 1 InsO) als gleichwertigem Verfahrensziel. Der Gesetzgeber hat dabei in Kauf genommen, dass die Eröffnung des Insolvenzverfahrens auf dem notwendigerweise unsicheren Fundament einer prognostischen Beurteilung aufbaut und der Insolvenzgrund der drohenden Zahlungsunfähigkeit die Antragsstellung bei nur leichten Krisenanzeichen erlaubt. Dem Schuldner kann es beispielsweise auf die Untersagung oder einstweilige Einstellung von Zwangsvollstreckungsmaßnahmen nach § 21 Abs. 2 Nr. 3 InsO, die Rückschlagsperre des § 88 InsO oder die Anwendung des Insolvenzarbeitsrechts ankommen.

Dabei besteht aufgrund der unsicheren Einschätzbarkeit zukünftiger Entwicklungen das Risiko, dass es zu Manipulationen kommt, um die Anwendung des Insolvenzarbeitsrecht zu erreichen.[92] Die Gefahr eines Missbrauchs bestätigt die Entwicklung in den USA, wo amerikanische Insolvenzanwälte es anbieten, Reorganisations- und Umstrukturierungsmaßnahmen selbst bei sich nur vage abzeichnenden Krisenanzeichen durchzuführen.[93] In der deutschen Kommentarliteratur[94] zur Insolvenzordnung findet sich stellenweise bereits der Hinweis, dass bei der Mandantenberatung auch darauf hinzuweisen ist, dass sich eine Krise des Unternehmens mittels § 18 InsO durch einen

---

[92] Ebenso *Heinze*, NZA 1999, 57, 58; FK-InsO/*Schmerbach*, § 18 Rn. 2, 23; *Kübler/Prütting/Pape*, § 18 Rn. 11.
[93] *Nerlich/Römermann/Mönning*, § 18 Rn. 7.
[94] Vgl. *Nerlich/Römermann/Mönning*, § 18 Rn. 44.

Rückgriff auf die Möglichkeiten der Insolvenzordnung bewältigen lasse und gerade bei Fällen des geplanten Unternehmensverkaufs ein Personalabbau den Wert des Unternehmens bedeutend erhöhen kann.

3. Eröffnungsantrag bei drohender Zahlungsunfähigkeit
a) Antragsberechtigung
Die Eröffnung des Insolvenzverfahrens erfolgt nicht von Amts wegen, sondern setzt nach § 13 Abs. 1 S. 1 InsO formell den Antrag eines Berechtigten voraus. Die Antragsberechtigung ergibt sich aus § 13 Abs. 1 S. 2 InsO. Danach sind der Schuldner und jeder Gläubiger berechtigt, die Durchführung eines Insolvenzverfahrens zu beantragen. Der Eröffnungsantrag eines Gläubigers erfordert gemäß § 14 Abs. 1 InsO ein rechtliches Interesse an der Eröffnung des Insolvenzverfahrens. Außerdem hat der Gläubiger seine Forderung und einen Insolvenzgrund glaubhaft zu machen. Die Glaubhaftmachung bestimmt sich nach § 294 ZPO, weil § 4 InsO die Geltung der Zivilprozessordnung vorsieht, soweit die Insolvenzordnung keine Regelung enthält. Die Glaubhaftmachung nach § 294 ZPO erfordert einen geringeren Grad von Wahrscheinlichkeit als der volle Beweis, nämlich nur die überwiegende Wahrscheinlichkeit, dass die Behauptung wahr oder unwahr ist. Zugelassen ist neben sämtlichen Arten von Beweismitteln die Versicherung an Eides statt.

Der Eigenantrag des Schuldners ist im Grundsatz unabhängig von einer Glaubhaftmachung zulässig. Handelt es sich beim Schuldner um eine juristische Person (§ 11 Abs. 1 InsO) oder um eine Gesellschaft ohne Rechtspersönlichkeit (§ 11 Abs. 2 Nr. 1 InsO), müssen nicht alle Vertreter den Antrag stellen. Gemäß § 15 Abs. 1 InsO ist jedes einzelne Mitglied des Vertretungsorgans antragsberechtigt. Wird der Eigenantrag nicht von allen Antragsberechtigten gestellt, ist er nur zulässig, wenn der Eröffnungsgrund glaubhaft gemacht wird, § 15 Abs. 2 S. 1 InsO. Bei der GmbH & Co. KG können nach § 15 Abs. 3 InsO einzelne oder alle Geschäftsführer der GmbH den Insolvenzantrag stellen. Im Interesse des Rechtsverkehrs sieht die Rechtsordnung in einigen Fällen eine Pflicht zur Antragstellung vor; sie besteht unter anderem für die Vertreter juristischer Personen gemäß § 64 Abs. 1 GmbHG, §§ 92 Abs. 2, 116 AktG oder nach § 130a HGB oder § 177a HGB für die OHG und die KG.

Für den Eröffnungsantrag des Schuldners bei einer drohenden Zahlungsunfähigkeit sieht § 18 Abs. 3 InsO eine besondere Regelung vor. Ein auf drohende Zahlungsunfähigkeit gestützter Antrag kann bei einer juristischen Person oder einer Gesellschaft ohne Rechtspersönlichkeit von einem oder mehreren Mitgliedern des Vertretungsorgans, einem von mehreren persönlich haftenden Gesellschaftern oder einem von mehreren Abwicklern nur gestellt werden, wenn der Antragsteller zur Vertretung der juristischen Person oder der Gesellschaft berechtigt ist. Bei einer drohenden Zahlungsunfähigkeit sollen nicht ausreichend abgestimmte Anträge und damit ein missbräuchlicher Umgang mit dem neuen Insolvenzgrund der drohenden Zahlungsunfähigkeit vermieden werden.[95] Einen Antrag gemäß § 18 InsO kann nur stellen, wer allein vertretungsbefugt ist.[96] Bei § 18 Abs. 3 InsO handelt es sich nicht um eine § 15 Abs. 2 InsO verdrängende Sonderregelung. Es kommt daher auf eine Glaubhaftmachung der drohenden Zahlungsunfähigkeit an, wenn der Antrag nicht von allen Mitgliedern des Vertretungsorgans oder allen persönlich haftenden Gesellschaftern gestellt wird.[97]

b) Bestehen eines Eröffnungsgrundes
Materiell erfordert die Eröffnung des Insolvenzverfahrens gemäß § 16 InsO die Existenz eines Eröffnungsgrundes. Die Arten der Eröffnungsgründe (Zahlungsunfähigkeit, drohende Zahlungsunfähigkeit, Überschuldung) und deren Voraussetzungen sind in §§ 17 – 19 InsO geregelt. § 16 InsO stellt klar, dass der Insolvenzgrund zum Zeitpunkt der Eröffnung des Insolvenzverfahrens und bis zum Abschluss des Insolvenzverfahrens bestehen muss. Infolgedessen ist ein Insolvenzgrund bis zur letzten Entscheidung im Beschwerdeverfahren (§ 34 InsO) erforderlich.[98] Entfällt der Insolvenzgrund nach Rechtskraft des Eröffnungsbeschlusses, kommt nach §§ 212, 213 InsO die Einstellung

---

[95] BT-Drucks. 12/7302, S. 157.
[96] HK-InsO/*Kirchhof*, § 18 Rn. 17 f.; *Nerlich/Römermann/Mönning*, § 13 Rn. 75; FK-InsO/*Schmerbach*, § 18 Rn. 16; *Kübler/Prütting/Pape*, § 15 Rn. 14.
[97] *Kübler/Prütting/Pape*, § 18 Rn. 4; FK-InsO/*Schmerbach*, § 18 Rn. 19; HK-InsO/*Kirchhof*, § 18 Rn. 19.
[98] *Nerlich/Römermann/Mönning*, § 16 Rn. 10.

des Verfahrens wegen Wegfalls des Eröffnungsgrundes oder die Einstellung mit Zustimmung aller Gläubiger in Betracht.[99]

Ist der Eröffnungsantrag zulässig, muss sich das Amtsgericht als Insolvenzgericht (§ 2 InsO) gemäß § 4 InsO in Verbindung mit § 286 Abs. 1 ZPO die Überzeugung darüber bilden, ob ein Eröffnungsgrund besteht oder nicht. Die Glaubhaftmachung des Insolvenzgrundes genügt für eine Verfahrenseröffnung nicht. Das Gericht hat den Eröffnungsgrund im Rahmen des Untersuchungsgrundsatzes (§ 5 Abs. 1 S. 1 InsO) von Amts wegen aufzuklären.[100] Auch das ausdrückliche Zugeständnis des Schuldners genügt als Grundlage der Überzeugungsbildung nicht. Durch den Untersuchungsgrundsatz wird verhindert, dass der Eigenantrag zu missbräuchlichen Zwecken gestellt wird, also beispielsweise um Einzelzwangsvollstreckungen zu verhindern (vgl. § 88 InsO) oder die Voraussetzungen für die Durchführung eines Restschuldbefreiungsverfahrens oder für die Anwendung des Insolvenzarbeitsrechts zu schaffen.[101] Auf diese Weise soll gewährleistet werden, dass der Eigenantrag nur in tatsächlichen Wirtschaftskrisen zur Eröffnung des Insolvenzverfahrens führt.

c) Drohende Zahlungsunfähigkeit

§ 18 Abs. 1 InsO erlaubt einen Insolvenzantrag bei drohender Zahlungsunfähigkeit. Nach der Legaldefinition in § 18 Abs. 2 InsO droht

---

[99] Vgl. *Kübler/Prütting/Pape*, § 16 Rn. 3; HK-InsO/*Kirchhof*, § 16 Rn. 15.
[100] OLG Köln NZI 2000, 480, 483; *Nerlich/Römermann/Pape*, § 16 Rn. 2; *Häsemeyer*, Insolvenzrecht, Rn. 7.11; HK-InsO/*Kirchhof*, § 16 Rn. 9 ff.; MünchKommInsO/*Schmahl*, § 16 Rn. 6, 32.
[101] Vgl. FK-InsO/*Schmerbach*, § 18 Rn. 23; *Kübler/Prütting/Pape*, § 16 Rn. 2.

der Schuldner zahlungsunfähig zu werden, wenn er bestehende Zahlungspflichten im Zeitpunkt ihrer Fälligkeit nicht erfüllen kann. Um dies ermitteln zu können, bedarf es der Aufstellung eines Finanzplans, in dem die Liquidität des Unternehmens dargestellt wird.[102] Ein- und Auszahlungen künftiger Perioden sind gegenüberzustellen. In den Finanzplan sind gemäß § 18 Abs. 2 InsO bestehende Zahlungspflichten einzustellen. Nach dem Wortlaut der Norm wären neu entstehende, zukünftige Zahlungspflichten bei der Finanzplanung nicht zu berücksichtigen.[103] Diese grammatische Auslegung ist angesichts der Entstehungsgeschichte und der Zwecksetzung der Vorschrift zu eng. In der Begründung zum Gesetzentwurf der Bundesregierung[104] ist folgendes ausgeführt: „In die Prognose, die bei der drohenden Zahlungsunfähigkeit anzustellen ist, muss die gesamte Entwicklung der Finanzlage des Schuldners bis zur Fälligkeit aller bestehenden Verbindlichkeiten einbezogen werden; in diesem Rahmen sind neben den zu erwartenden Einnahmen auch die zukünftigen, noch nicht begründeten Zahlungspflichten mit zu berücksichtigen. Die vorhandene Liquidität und die Einnahmen, die bis zu dem genannten Zeitpunkt zu erwarten sind, müssen den Verbindlichkeiten gegenübergestellt werden, die bereits fällig sind oder bis zu diesem Zeitpunkt voraussichtlich fällig werden." Da Unternehmen ständig am Wirtschaftsleben teilnehmen und dazu Forderungen begründen, kann bei § 18 Abs. 2 InsO nach

---

[102] *Kübler/Prütting/Pape*, § 18 Rn. 7; Muster bei MünchKommInsO/*Drukarczyk*, § 18 Rn. 20 ff.
[103] Der grammatischen Auslegung folgend *Burger/Schellberg*, BB 1995, 261.
[104] BT-Drucks. 12/2443, S. 114 f.

dessen Sinn und Zweck nur dann eine realitätsnahe Einschätzung erfolgen, wenn sämtliche zu erwartenden Verbindlichkeiten im Finanzplan berücksichtigt werden. Demzufolge sind beispielsweise Ausgaben für Miete und Leasingverträge, Lohnforderungen und Sozialabgaben sowie für den Betriebsablauf erforderliche Lieferantenverbindlichkeiten in den Liquiditätsplan einzustellen.[105] Im Finanzplan sind folglich die bestehenden und die zukünftig zu erwartenden Einnahmen mit den entsprechenden Ausgaben zu vergleichen.

Nach § 18 Abs. 2 InsO handelt es sich um drohende Zahlungsunfähigkeit, wenn der Schuldner voraussichtlich nicht in der Lage sein wird, die bestehenden Zahlungspflichten im Zeitpunkt der Fälligkeit zu erfüllen. Bei dem Insolvenzgrund der drohenden Zahlungsunfähigkeit kommt es mithin auf eine Prognose an. In Abgrenzung zur sogenannten Zeitpunkt-Illiquidität der Zahlungsunfähigkeit (§ 17 InsO) beschreibt § 18 Abs. 2 InsO eine Zeitraum-Illiquidität. Damit bildet die drohende Zahlungsunfähigkeit – wie es auch die Stellung im Gesetz verdeutlicht – das Bindeglied zwischen Zahlungsunfähigkeit und Überschuldung. Bei der Prognose der zukünftigen Finanzentwicklung ist der Prognosezeitraum von maßgeblicher Bedeutung. Häufig wird auf eine mittelfristige Betrachtung abgestellt, die sich auf einen Zeitraum von höchstens zwei Jahre erstreckt.[106] Diese Annahme trifft für eine Vielzahl der Fälle zu, ist jedoch angesichts der vielfältigen wirtschaftlichen Gegebenheiten nicht als feste Obergrenze zu verstehen.

---

[105] *Kübler/Prütting/Pape*, § 18 Rn. 7; MünchKommInsO/*Drukarczyk*, § 18 Rn. 43.
[106] Vgl. *Kübler/Prütting/Pape*, § 18 Rn. 6, 9 m. weit. Nachw.

Da Unternehmen auch langfristige Verpflichtungen eingehen, kann es im Einzelfall durchaus sinnvoll sein, einen Prognosezeitraum zu wählen, der über zwei Jahre hinausgeht.

Der Wendung „voraussichtlich" in § 18 Abs. 2 InsO ist zu entnehmen, dass Zahlungsunfähigkeit dann droht, wenn die kumulierte Wahrscheinlichkeit für nicht deckbare Finanzplandefizite größer ist als die für mindestens ausgeglichene Finanzpläne. Es ist also anhand des Finanzplans des Schuldners zu bestimmen, ob sich aus dem Vergleich zwischen den zu erwartenden Einnahmen mit den an Sicherheit grenzender Wahrscheinlichkeit bestehenden Verbindlichkeiten ergibt, dass der Eintritt der Zahlungsunfähigkeit zu einem bestimmten Zeitpunkt wahrscheinlicher ist als deren Vermeidung. Die Höhe der Wahrscheinlichkeit muss folglich größer sein als 0,5.[107]

Der Schuldner hat seinen auf § 18 Abs. 2 InsO beruhenden Antrag derart zu belegen, dass sich das Insolvenzgericht (gegebenenfalls unter Einschaltung von Sachverständigen) anhand des Finanzplans und der beigefügten Belege eine Überzeugung im Sinne des § 286 Abs. 1 ZPO in Verbindung mit § 4 InsO von der drohenden Zahlungsunfähigkeit bilden kann. Die Mitwirkungspflicht des Schuldners ergibt sich dabei aus § 20 InsO; nach § 20 in Verbindung mit § 98 Abs. 1 InsO kann das Gericht zu Protokoll an Eides statt die Versicherung der Richtigkeit und Vollständigkeit der Unterlagen fordern. Gleichwohl sind die Prognosegrundlagen und die Wahrscheinlichkeitsaussagen gerichtlich

---

[107] Begründung zum Regierungsentwurf, BT-Drucks. 12/2443, S. 114 f.; ebenso *Burger*, DB 1992, 2149, 2151; *Kübler/Prütting/Pape*, § 18 Rn. 9; *Gottwald/Uhlenbruck*, Insolvenzrechtshandbuch, § 6 Rn. 11.

nur begrenzt nachprüfbar, so dass dem Schuldner bei seiner Antragstellung eine gewisse Einschätzungsprärogative verbleibt.[108] Dies entspricht der Zielsetzung des Gesetzgebers, der dem Schuldner die Möglichkeit einer frühzeitigen Antragstellung eröffnen wollte, wenn sich nach seiner eigenen Finanzplanung und nach seiner eigenen Beurteilung die Zahlungsunfähigkeit in einem überschaubaren Zeitraum abzeichnet. Dem Gesetzgeber kam es darauf an, für den Schuldner ein Antragsrecht festzuschreiben, wenn aus seiner Sicht eine vertragskonforme Erfüllung der Gläubigeransprüche nicht mehr überwiegend wahrscheinlich ist.[109]

II. Das Sanierungsverfahren

Sanierung eines Unternehmens in einer wirtschaftlichen Krise bedeutet, es aus einer existenzbedrohenden Lage durch organisatorische, finanzielle und rechtliche Maßnahmen herauszuführen und seine Marktfähigkeit wieder herzustellen. Ein Insolvenzverfahren bezweckt, die Gläubiger eines Schuldners gemeinschaftlich zu befriedigen. Im Konkurs- und Gesamtvollstreckungsverfahren erfolgte die Befriedigung der Gläubiger durch die Liquidation des Schuldnervermögens. Die Zerschlagung eines Unternehmens erlöst häufig weitaus geringere Mittel, als es dem tatsächlichen Wert des Unternehmens entspricht. Außerdem führt die Zerschlagung zu Arbeitsplatzverlusten und beeinträchtigt den Wettbewerb, die Marktlage, das Steueraufkommen und

---

[108] Vgl. MünchKommInsO/*Drukarczyk*, § 18 Rn. 40.
[109] Vgl. *Gottwald/Uhlenbruck*, Insolvenzrechtshandbuch, § 6 Rn. 10.

die Wirtschaftsstruktur.[110] Für die Gläubiger und das Wirtschaftsleben ist es in vielen Fällen günstiger, wenn das Unternehmen erhalten bleibt. Dementsprechend erkennt die Insolvenzordnung in § 1 S. 1 InsO neben der Liquidation den Erhalt des Unternehmens als gleichrangiges Verfahrensziel an. Es bleibt jedoch dabei, dass das Insolvenzverfahren der gemeinschaftlichen Befriedigung der Gläubiger eines insolventen Schuldners (par conditio creditorum) dient. Die ursprüngliche Idee der Reformbestrebungen, ein Reorganisationsrecht zu schaffen, das der Sanierung den gesetzlichen Vorrang vor der Liquidation einräumen sollte, wurde nicht verwirklicht. Nach § 1 S. 1 InsO stehen für die Gläubigerbefriedigung zwei Wege zur Verfügung, die Vermögensverwertung und der Unternehmenserhalt.[111]

Dem Insolvenzgericht steht bereits im Eröffnungsverfahren die Möglichkeit zur Verfügung, die Sanierungsfähigkeit des Unternehmens prüfen zu lassen. Es kann einen vorläufigen Insolvenzverwalter bestellen (§ 21 Abs. 2 Nr. 1 InsO). Dieser hat, auch wenn ein allgemeines Verfügungsverbot beschlossen wurde (§ 21 Abs. 2 Nr. 2 InsO),[112] die Aufgabe, das Unternehmen bis zur Entscheidung über den Eröffnungsantrag fortzuführen (§ 22 Abs. 1 S. 2 Nr. 2 InsO). Außerdem kann er als Sachverständiger beauftragt werden, die Aussichten für eine Fortführung des Unternehmens zu prüfen (§ 22 Abs. 1 S. 2 Nr. 3 InsO). Nach der Eröffnung des Insolvenzverfahrens ist es Aufgabe des Insolvenzverwalters, die Sanierungsfähigkeit des Unternehmens zu

---

[110] Vgl. *Gerhardt*, Festschrift für Friedrich Weber, S. 181, 186 f.
[111] *Braun/Kießner*, § 1 Rn. 3 ff.
[112] *Feuerborn*, KTS 1997, 171, 185.

prüfen, denn er hat im Berichtstermin darzulegen, ob Aussichten bestehen, das Unternehmen des Schuldners im Ganzen oder in Teilen zu erhalten (§ 156 Abs. 1 S. 2 InsO). Da der Berichtstermin spätestens drei Monate nach der Verfahrenseröffnung stattfinden muss (§ 29 Abs. 1 Nr. 1 Halbs. 2 InsO), steht dem Insolvenzverwalter für die Prüfung nur wenig Zeit zur Verfügung. Daher kann auch bereits der vorläufige Insolvenzverwalter prüfen, ob eine dauerhafte Fortführung durch den Unternehmensträger, eine zeitweise Fortführung zur späteren Veräußerung oder eine Fortführung zur Vorbereitung einer Liquidation die geeignete Vorgehensweise zur Gläubigerbefriedigung darstellt. Der vorläufige Insolvenzverwalter wird regelmäßig auch zum Verwalter im eröffneten Verfahren bestellt, so dass die im Vorverfahren gewonnenen Erkenntnisse erhalten bleiben.

Die Sanierung ist in zwei Varianten möglich, der sogenannten Eigensanierung (investive Verwertung) und der übertragenden Sanierung (sanierende Liquidation). Im erstgenannten Fall wird das Schuldnervermögen (das Unternehmen als Vermögen des Unternehmensträgers, also des Inhabers, der eine natürliche Person, eine juristische Person oder eine Gesellschaft ohne Rechtspersönlichkeit ist) derart neu strukturiert, dass es Erträge erwirtschaften kann, aus denen die Gläubiger befriedigt werden können. Im zweiten Fall wird ein überlebensfähiges Unternehmen (oder ein Teil davon) auf einen anderen Rechtsträger, etwa auf einen Konkurrenten oder eine Auffanggesellschaft, übertragen und der Kaufpreis als Erlös an die Gläubiger des bisherigen Unternehmensträgers verteilt. Der bisherige Unternehmensträger ist in aller Regel eine juristische Person, die durch das Insolvenzverfahren liquidiert wird. Es handelt sich dabei um eine sanierende Liquidation, bei der das im Wege der Übertragung zu sanierende Unternehmen vom zu liquidierenden Unternehmensträger getrennt wird.[113] Maßgeblich für den Unternehmensverkauf ist eine erfolgreiche Sanierung. Nur sie bietet die Gewähr, dass die Übernahme des angeschlagenen Unternehmens sinnvoll ist und ein Kaufpreis erzielt wird, der wenigstens den Zerschlagungswert erreicht, also nicht geringer ist als die Summe, die sich im Weg der Einzelliquidation erlösen würde.

Zu berücksichtigen ist überdies, dass bei Erfolg der Reorganisationsmaßnahmen ein überlebensfähiges Unternehmen erworben wird. Es ist deshalb der Fortführungswert anzustreben. Ein höherer Preis ist auch deshalb gerechtfertigt, weil der Käufer nicht nach § 25 HGB für die Schulden des bisherigen Unternehmensträgers einzustehen hat. Denn abgesehen davon, dass diese Haftung durch Änderung der Firma oder Eintragung eines Haftungsausschlusses ins Handelsregister vermieden werden könnte (§ 25 Abs. 2 und 3 HGB), ist § 25 HGB nicht anwendbar, wenn das Unternehmen durch einen Insolvenzverwalter veräußert wird.[114] Die Norm geht davon aus, dass ein Unternehmen mit allen Aktiva und Passiva übertragen wird. Da der Insolvenzverwalter lediglich die Aktiva überträgt, erfasst die Vorschrift die übertragende Sanierung nicht. Dementsprechend regelt § 75 Abs. 2 AO, dass der Er-

---

[113] Vgl. *Häsemeyer*, Insolvenzrecht, Rn. 27.05; *Bork*, Einführung, Rn. 4, 375 ff. m. weit. Nachw.
[114] BGHZ 104, 151, 153; BAG NJW 1980, 1124, 1126.

werber nicht nach § 75 Abs. 1 AO für die Betriebssteuern haftet, wenn er den Betrieb aus der Insolvenzmasse übernommen hat.[115]

Zusammenfassend kann deshalb gesagt werden, dass die Insolvenzordnung die Möglichkeiten bereitstellt, um im Falle einer wirtschaftlichen Krise ein Unternehmen zu sanieren. Mit einer Umstrukturierung ist regelmäßig ein Personalabbau und eine Kündigung arbeitnehmergünstiger Vereinbarungen verbunden. Von den Arbeitnehmern werden zwar große Opfer verlangt, die Sanierung hat aber den Vorteil, dass wenigstens ein Teil der bedrohten Arbeitsplätze gerettet wird, dem Wettbewerb ein Marktteilnehmer erhalten bleibt und die Gläubiger regelmäßig eine höhere Quote als bei der Liquidation erhalten. Die arbeitsrechtliche Umstrukturierung auf der Grundlage der Insolvenz bietet damit einen Ausweg aus der wirtschaftlichen Krise und kann zum Erhalt des Unternehmens führen.

III. Ergebnis

Das Insolvenzarbeitsrecht bringt der Arbeitgeberseite im Vergleich zum Arbeitsrecht zahlreiche Vergünstigungen. Die Sondervorschriften der Insolvenzordnung erleichtern Kündigungen, beschleunigen Betriebsänderungsverfahren, begrenzen den Umfang von Sozialplänen und ermöglichen die Lösung von Betriebsvereinbarungen. Dadurch begünstigt das Insolvenzarbeitsrecht Restrukturierungs- und Personalanpassungsmaßnahmen. Die Insolvenzordnung erlaubt es, auf das In-

---

[115] Siehe *Bork*, Einführung, Rn. 384 f.

solvenzarbeitsrecht bereits bei drohender Zahlungsunfähigkeit zurückzugreifen. Auf diese Weise wird die Sanierung von Unternehmen in der wirtschaftlichen Krise erleichtert.

Dem Arbeitsrecht wird vielfach vorgeworfen, gegenüber den unterschiedlichen wirtschaftlichen Situationen in den Unternehmen zu unflexibel zu sein.[116] Eine Möglichkeit, den geänderten Anforderungen der Praxis entgegenzukommen, ist eine systemimmanente Flexibilisierung der arbeitsrechtlichen Rahmenbedingungen. Eine denkbarer rechtlicher Weg stellt die erweiterte Anwendung des Insolvenzarbeitsrechts dar. Unternehmen in einer wirtschaftlichen Krise kann auf diese Weise die Sanierung erleichtert werden. Ist die Sanierung gelungen, gilt sodann wieder das materielle Arbeitsrecht.

---

[116] Vgl. *Hanau*, RdA 1999, 159 ff. m. weit. Nachw.

E. Erweiterung des Anwendungsbereichs

I. Ausgangsüberlegungen

De lege ferenda erscheint es ein gangbarer Weg zu sein, die Sanierung von Unternehmen und damit die Rettung von Arbeitsplätzen durch ein besonderes „Sanierungsarbeitsrecht" zu erleichtern. Entsprechende gesetzliche Rahmenbedingungen könnten von den Tarifvertragsparteien aufgegriffen und je nach Branche zu einem Arbeitsrecht für wirtschaftliche Krisenzeiten ausgebaut werden. Eine Förderung der Sanierung darf allerdings nicht zur Folge haben, dass Unternehmer das Insolvenzverfahren zweckwidrig nutzen, um Umstrukturierungen erleichtert durchzuführen. Eine „Flucht in die Sanierung" würde die Wettbewerbsbedingungen verzerren und ohne sachlichen Grund in die arbeitsrechtlichen Positionen der Arbeitnehmer eingreifen. Das Insolvenzrecht ist derart auszugestalten, dass die verfassungsrechtlichen Vorgaben gewahrt bleiben und Missbrauchsmöglichkeiten ausgeschlossen sind.

Einem Missbrauch des Insolvenzarbeitsrechts kann unter anderem dadurch vorgebeugt werden, dass durch einen Kriterienkatalog sichergestellt wird, dass der Zugang zu den speziellen Sanierungsvorschriften nur in begründeten Fällen eröffnet wird. Art. 4a der Richtlinie 98/50/EG vom 29. Juni 1998, der auf europäischer Ebene für den Betriebsinhaberwechsel ein doppeltes Arbeitsrecht zulässt, ist ein Indiz dafür, dass die Idee eines doppelten Arbeitsrechts in Europa Anerkennung finden wird. Dabei kann auf zwei Ebenen angesetzt werden. Zum einen kann der insolvenzrechtliche Voraussetzungskatalog noch mehr auf die Sanierung eines Unternehmens in der Krise abgestimmt werden. Zum anderen können die arbeitsrechtlichen Vorschriften des Insolvenzrechts noch mehr auf den Sanierungsfall abgestellt werden.

II. Vorschläge zum Insolvenzarbeitsrecht

Erzwingbare Betriebsvereinbarungen unterliegen auch im Insolvenzverfahren der Nachwirkung gemäß § 77 Abs. 6 BetrVG, so dass sie weitergelten, bis sie durch eine andere Abmachung ersetzt werden. Die Kündigung nach § 120 InsO beseitigt die Wirkungen der Betriebsvereinbarung nicht. Es bedarf einer neuen Vereinbarung zwischen Insolvenzverwalter und Betriebsrat. Insoweit ist in Erwägung zu ziehen, die betriebsverfassungsrechtliche Nachwirkung bei einer Kündigung gemäß § 120 InsO entfallen zu lassen. Eine derartige Regelung würde für den Insolvenzverwalter rasch eine klare Entscheidungsgrundlage bieten und für eine Sanierung eindeutige Kalkulationsgrundlagen ohne zeitaufwendige Verhandlungen zur Verfügung stellen.

Das Kündigungsschutzrecht bezweckt den Schutz des Arbeitnehmers vor einem ungerechtfertigten Arbeitsplatzverlust. Dabei kommt es auf einen gerechten Ausgleich an zwischen dem Interesse des Unternehmers an einer sinnvollen und effektiven Unternehmensführung und dem Interesse des Arbeitnehmers an seinem Arbeitsverhältnis, das für ihn in aller Regel Lebensgrundlage, Basis seiner sozialen Einbettung und Mittel zur Selbstverwirklichung ist. Kündigungsschutz stellt daher eine Gratwanderung zwischen Unternehmerfreiheit und Arbeitsplatzschutz dar. Bei einem Unternehmen in der wirtschaftlichen Krise, über dessen Vermögen das Insolvenzverfahren eröffnet wurde, ist es angemessen, das Kündigungsschutzrecht zurückzunehmen. Insoweit stellen die Vorgaben des Insolvenzarbeitsrechts die Weichen richtig. Für eine erfolgreiche Sanierung reichen die Regelungen in § 113 InsO jedoch stellenweise nicht aus. Wege aus der wirtschaftlichen Krise erfordern mehr Beweglichkeit und Flexibilität. Einen Ansatzpunkt könnte eine Modifikation des § 128 Abs. 2 InsO bilden. Nach bisheriger Regelung kann der Arbeitnehmer aufgrund der gesetzlichen Vermutung in § 128 Abs. 2 InsO im Individualprozess den Beweis des Gegenteils (§ 292 ZPO) erbringen, das heißt, er muss nachweisen, dass die Kündigung wegen des Betriebsüberganges erklärt wurde. Hier ist zu erwägen, die Anwendung des § 613a Abs. 4 S. 1 BGB in § 128 Abs. 2 InsO auszuschließen.

Bei einer etwaigen Novellierung der Insolvenzordnung ist die Marktkonformität zu berücksichtigen. Das Insolvenzrecht darf den Wettbewerb zwischen gesunden und insolventen Unternehmen nicht zugunsten letzterer verzerren. Die Insolvenzordnung soll sich in die vorhandene Rechts- und Wirtschaftsordnung einfügen.[117] Die Sanierung von Unternehmen stellt kein vorrangiges Verfahrensziel dar. Der Gesetzgeber wollte keine Verwertungsart bevorzugen, sondern Liquidation, übertragende Sanierung und Sanierung des Unternehmensträgers

---

[117] BR-Drucks. 1/92, S. 75 ff.

gleichberechtigt zur Verfügung stellen.[118] Nach der vom Gesetzgeber vorgegebenen Zielsetzung der Insolvenzordnung ist bei Korrekturen im Insolvenzarbeitsrecht darauf zu achten, dass sie sich zum einen in die vorhandene Rechts- und Wirtschaftsordnung einfügen und zum anderen das Verfahrensziel (§ 1 S. 1 InsO) der gemeinschaftlichen Befriedigung der Gläubiger eines insolventen Schuldners durch gleichwertige Abwicklungsmöglichkeiten gewahrt bleibt.

Die Vielfalt der Unternehmen erfordert ein flexibles Arbeitsrecht. Zwischen wirtschaftlich florierenden Unternehmen und notleidenden Betrieben bestehen sachliche Unterschiede. Unternehmen, die wegen drohender Zahlungsunfähigkeit um ihre Existenz kämpfen, kann ein modifiziertes Arbeitsrecht zur Verfügung gestellt werden. Eine Novellierung des Insolvenzarbeitsrechts würde einen Fortschritt bei der Flexibilisierung des Arbeitsrechts bedeuten und könnte gegebenenfalls einen Teil der jährlich erwarteten 500.000 bis 650.000 Arbeitsplatzverluste bei Insolvenzen vermeiden.

---

[118] BR-Drucks. 1/92, S. 77 f.

LITERATURVERZEICHNIS

Bader, Peter, Neuregelungen im Bereich des Kündigungsschutzgesetzes durch das Arbeitsrechtliche Beschäftigungsförderungsgesetz, NZA 1996, 1125.

Belling, Detlev W./Hartmann, Christian, Die Tarifbindung in der Insolvenz, NZA 1998, 57.

Berscheid, Ernst-Dieter, Arbeitsverhältnisse in der Insolvenz, 1999.

Berscheid, Ernst-Dieter, Die Kündigung von Arbeitsverhältnissen nach § 113 InsO – Teil I, ZInsO 1998, 115.

Berscheid, Ernst-Dieter, Interessenausgleich mit Namensliste – Auswirkungen auf den Bestandsschutz, MDR 1998, 942.

Berscheid, Ernst-Dieter, Zur Frage der Verfassungsmäßigkeit bzw. Verfassungswidrigkeit des § 113 InsO, InVo 1998, 32.

Bichlmeier, Wilhelm/Oberhofer, Hermann, Neues Arbeitsrecht im Konkurs, AiB 1997, 161.

Bork, Reinhard, Einführung in das Insolvenzrecht, 3. Aufl. 2002.

Burger, Anton, Zahlungsunfähigkeit und drohende Zahlungsunfähigkeit nach der geplanten Insolvenzordnung (InsO), DB 1992, 2149.

Burger, Anton/Schellberg, Bernhard, Die Auslösetatbestände im neuen Insolvenzrecht, BB 1995, 261.

Braun, Eberhard, Kommentar zur Insolvenzordnung, 2002.

Caspers, Georg, Personalabbau und Betriebsänderung im Insolvenzverfahren, 1998.

Däubler, Wolfgang/Kittner, Michael/Klebe, Thomas, Betriebsverfassungsgesetz, Kommentar für die Praxis, 8. Aufl. 2002.

Dieterich, Thomas/Hanau, Peter/Schaub, Günter, Erfurter Kommentar zum Arbeitsrecht, 2. Aufl. 2001.

Eickmann, Dieter/Flessner, Axel/Irschlinger, Friedrich/Kirchhof, Hans-Peter/Kreft, Gerhart/Landfermann, Hans-Georg/Marotzke, Wolfgang, Heidelberger Kommentar zur Insolvenzordnung, 2. Aufl. 2001.

Eisenbeis, Ernst/Mues, Werner M., Arbeitsrecht in der Insolvenz, 2000.

Fabricius, Fritz/Kraft, Alfons/Wiese, Günther/Kreutz, Peter/Oetker, Hartmut, Gemeinschaftskommentar zum Betriebsverfassungsgesetz, 6. Aufl. 1998.

Feuerborn, Sabine, Rechtliche Probleme der Unternehmensfortführung durch den Sequester und den vorläufigen Insolvenzverwalter, KTS 1997, 171.

Fischermeier, Ernst, Die betriebsbedingte Kündigung nach den Änderungen durch das Arbeitsrechtliche Beschäftigungsförderungsgesetz, NZA 1997, 1089.

Fitting, Karl/Kaiser, Heinrich/Heither, Friedrich/Engels, Gerd, Handkommentar zum Betriebsverfassungsgesetz, 21. Aufl. 2002.

Gerhardt, Walter, Aspekte zur Wechselwirkung von Konkursrecht und Wirtschaftsleben, Festschrift für Friedrich Weber, 1975, S. 181.

Giesen, Richard, Die Betriebsverfassung nach neuem Insolvenzrecht, ZIP 1998, 142.

Gottwald, Peter, Insolvenzrechtshandbuch, 2. Aufl. 2001.

Gravenbrucher Kreis, Alternativentwurf des Gravenbrucher Kreises zum Regierungsentwurf einer Insolvenzordnung, ZIP 1993, 625.

Hanau, Peter, Die Zukunft des Arbeitsrechts, RdA 1999, 159.

Häsemeyer, Ludwig, Insolvenzrecht, 3. Aufl. 2003.

Heinze, Meinhard, Das Arbeitsrecht in der Insolvenzordnung, NZA 1999, 57.

Hess, Harald/Weis, Michaela/Wienberg, Rüdiger, Kommentar zur Insolvenzordnung, Band 1, 2. Aufl. 2001.

Hohenstatt, Klaus-Stefan, Der Interessenausgleich in einem veränderten rechtlichen Umfeld, NZA 1998, 846.

Hueck, Alfred/v. Hoyningen-Huene, Gerrick, Kommentar zum Kündigungsschutzgesetz, 12. Aufl. 1997.

Kilger, Joachim, Über die Möglichkeit der Geschäftsfortführung insolventer Unternehmen unter dem geltenden Recht und nach dem Diskussionsentwurf einer Insolvenzordnung, KTS 1989, 495.

Kilger, Joachim, Grundzüge eines Reorganisationsverfahrens, ZIP 1982, 779.

Kittner, Michael/Trittin, Wolfgang, Kündigungsschutzrecht, Kommentar für die Praxis, 3. Aufl. 1997.

Kübler, Bruno M./Prütting, Hanns, Kommentar zur Insolvenzordnung (Loseblatt).

Lakies, Thomas, Zu den seit 1.10.1996 geltenden arbeitsrechtlichen Vorschriften der Insolvenzordnung, RdA 1997, 145.

Lohkemper, Wolfgang, Die Bedeutung des neuen Insolvenzrechts für das Arbeitsrecht, KTS 1996, 1.

Löwisch, Manfred, Das arbeitsrechtliche Beschäftigungsförderungsgesetz, NZA 1996, 1009.

Löwisch, Manfred, Neugestaltung des Interessenausgleichs durch das Arbeitsrechtliche Beschäftigungsförderungsgesetz, RdA 1997, 80.

Moll, Wilhelm, Anmerkung zu dem Urteil des ArbG Siegburg vom 17. 07. 1997, MDR 1997, 1038.

Münchener Handbuch zum Arbeitsrecht, Band 2, Individualarbeitsrecht II, 2. Aufl. 2000.

Münchener Handbuch zum Arbeitsrecht, Band 3, Kollektives Arbeitsrecht, 2. Aufl. 2000.

Münchener Kommentar zur Insolvenzordnung, Band 2, §§ 103-269, 2002.

Neef, Klaus, Die Neuregelungen des Interessenausgleichs und ihre praktischen Folgen, NZA 1997, 65.

Oetker, Hartmut/Friese, Birgit, Der Interessenausgleich in der Insolvenz (II), DZWir 2001, 177.

Preis, Bernd, Auf dem Weg zur Kollektivierung des Kündigungsschutzes, DB 1998, 1614.

Preis, Ulrich, Das Arbeitsrechtliche Beschäftigungsförderungsgesetz 1996, NJW 1996, 3369.

Schiefer, Bernd, Das Arbeitsrechtliche Beschäftigungsförderungsgesetz in der Praxis – Instanzgerichtliche Entscheidungen zu § 1 V KSchG und § 113 III BetrVG, NZA 1997, 915.

Schmidt, Karsten, Wege zum Insolvenzrecht der Unternehmen, 1990.

Schrader, Peter, Übergangsregelungen zum Konkursrecht, NZA 1997, 70.

Smid, Stefan, Kommentar zur Insolvenzordnung, 1999.

Stahlhacke, Eugen/Preis, Ulrich, Das neue Kündigungsschutzrecht nach dem arbeitsrechtlichen Beschäftigungsförderungsgesetz 1996, WiB 1996, 1025.

Stürner, Rolf, Aktuelle Probleme des Konkursrechts, ZZP 94 (1981), 263.

Uhlenbruck, Wilhelm, Das neue Insolvenzrecht, 1994.

Warrikoff, Alexander, Die Stellung der Arbeitnehmer nach der neuen Insolvenzordnung, BB 1994, 2338.

Weber, Ulrich/Ehrich, Christian/Hörchens, Angela, Handbuch zum Betriebsverfassungsrecht, 1998.

Wimmer, Klaus, Frankfurter Kommentar zur Insolvenzordnung, 3. Aufl. 2002.

Zwanziger, Bertram, Das Arbeitsrecht in der Insolvenzordnung, 2. Aufl. 2002.

Zwanziger, Bertram, Insolvenzordnung und materielle Voraussetzungen betriebsbedingter Kündigungen, BB 1997, 626.

Zwanziger, Bertram, Zur Auslegung von § 1 Abs. 5 Kündigungsschutzgesetz, DB 1997, 2174.

Aus unserem Verlagsprogramm:

Hagen Frhr. von Diepenbroick-Grüter
Der Sozialplan in der Insolvenz
Hamburg 2004   /   236 Seiten   /   ISBN 3-8300-1322-1

Stephan Schmelzer
Die Position des Arbeitnehmers im Recht des Insolvenzplans
Hamburg 2003   /   334 Seiten   /   ISBN 3-8300-1012-5

Tanja Tamara Voigt
Entgeltumwandlung als Grundlage betrieblicher Altersversorgung
Hamburg 2003   /   382 Seiten   /   ISBN 3-8300-0954-2

Florian Hölzel
Die personelle Dimension der unternehmerischen Freiheit
Hamburg 2003   /   182 Seiten   /   ISBN 3-8300-0742-6

Matthias Baierlipp
Die Haftung der Muttergesellschaft eines multinationalen Konzerns für die Verbindlichkeiten ihrer ausländischen Tochtergesellschaft
Eine vergleichende Untersuchung
nach deutschem und französischem Recht
Hamburg 2002   /   568 Seiten   /   ISBN 3-8300-0797-3

Oliver Knodel
Kapitalsicherung und Gläubigeranfechtung
Hamburg 2002   /   186 Seiten   /   ISBN 3-8300-0586-5

Kerstin Stahmer
Verzinsliches Darlehen in der Insolvenz
eine rechtsvergleichende Darstellung des deutschen,
französischen und englischen Rechts
Hamburg 2002   /   450 Seiten   /   ISBN 3-8300-0565-2